日本人のこころの言葉

源信

小原　仁　著

創元社

はじめに

源信（九四二―一〇一七）が生きた時代は、古代の律令政治が変質し摂関政治が成立していく、ゆるやかながら大きな変革期に当たっていました。誕生の少し前には東西相呼応するかのように、平将門《たいらのまさかど》と藤原純友《ふじわらのすみとも》が反乱を起こし朝廷を動揺させていますし、その政治的社会的混乱の反映か、同じころ空也《くうや》（九〇三―九七二）が入京し、平安京の上下貴賤に阿弥陀念仏を勧めています。天慶年間（九三八―九四七）以前に、道場で念仏三昧を修することは稀有だった、と慶滋保胤《よししげのやすたね》の『日本往生極楽記《にほんおうじょうごくらくき》』は空也念仏《くうやねんぶつ》について特筆していますから、何かしら時代の異質性を敏感に反映した宗教活動だったのでしょう。

醍醐天皇の後を継いだ朱雀・村上天皇が聖代《せいだい》の余香を漂わせていた反面、それをかき消し、権力の土台を揺り動かす事態も進行しています。源信が延暦寺横川《よかわ》で学問に励んでいた安和二年（九六九）三月、左大臣源高明《みなもとのたかあきら》が謀反の嫌疑をかけられ大宰府に左遷されます。いわゆる安和の変です。摂政や関白はこれ以前からありますが、切れ間なく継続するのはこのころからです。内部対立や抗争があるとはいえ、大局的には藤原氏に権力が集中する時代の始まりです。

権力は富の集中も同時にもたらします。富は貴族社会に多様な文化を保護し育成する機会と場を準備させます。また社会の変化は不安や動揺をもたらすばかりでなく、逆に新しい価値観や想像力を生みだす源泉にもなりえます。従来の文学や美術や宗教に新解釈が試みられ、総じていえば和風化が顕著になる傾向などは、こういった政治的社会的変動にも響き合っているのです。中国に対する日本の意識（本朝意識）、中央に対する地方、貴族に対する民衆、漢文に対する和文、漢詩に対する和歌など、いわゆる国風文化がさまざまな形で台頭する時代が、源信の生きた時代のもう一つの側面です。

源信はこのような社会のうねりに巻き込まれず、ほとんど比叡山横川《よかわ》の地を離れずに、倦むことなく学問と修行に精進し続けました。やがて上流貴族の法事に招請されるようになり、そのとき拝領した褒美を故郷で待つ母親に送ったところ、あなたを出家させた理由は後世《ごせ》（死後の世）での救済を託したからで、立派な法会《ほうえ》に招かれご褒美をもらわせるためではありません、と母は泣く泣く息子をいましめ、源信もあらためて籠山を決意します。

これほど俗事と絶縁し純粋に学問に邁進《まいしん》した源信ですが、その学問的著述の基底には、しっかりと人間を見据える視線がありました。それは権力者も庶民も、あらゆる老若男女も、前世《ぜんせ》にどのような生き方をしてきた人も差別なく包含する人間観でした。このような人間に対する眼差しは仏教本来のものでしょう。だから当たり前といえば当たり前かもしれません。

ただ源信が生涯にかかわった人々を見直してみますと、延暦寺の僧侶ばかりではなく、俗世間のさまざまな人々がいたことに気づきます。幼少から阿弥陀信仰《あみだしんこう》に興味をもちわずか二十歳で亡くなった青年僧、堂塔や仏像の造営に協力した檀越《だんおつ》（檀家）、源信主宰の釈迦の供養のため横川に上ってきた女性たち（この中には御堂関白道長《みどうかんぱくみちなが》の妻もいた）、慶《よし》滋保胤《しげのやすたね》・源為憲《みなもとのためのり》といった文人貴族、ともに阿弥陀《あみだ》と弥勒《みろく》を念じた村上天皇皇子具平《ともひら》親王など、あげれば切りがありません。また一口に延暦寺の僧侶といっても、それぞれにさまざまな経歴があり、俗世の因縁を背負って入山したことはいうまでもありません。かれらの一人ひとりに親しく接し、見つめ続けた結果、源信の人間観は深化していったのでしょう。

こうして源信は比叡山の一角、狭い横川《よかわ》に隠棲しながら、人間すべてが迷いの世界に輪廻《りんね》する凡夫《ぼんぷ》であることを洞察し、普遍的な人間観に立脚することができたのです。

しかし源信は説法僧《せっぽうそう》ではありませんから、とくに意識して記憶に残るような言葉を選んだりはしませんでした。あるのは今風にいえば学術書ばかりですから、もし心に沁み入るような言葉があるとしても、そのような著作の堅苦しい学術用語の海に沈潜しているに違いありません。したがって本書の「こころの言葉」も、その中に分け入り、そこで見つけた言葉を集めて構成せざるをえませんでした。おのずと源信の思想や信仰の解説、専門用語の説明に言葉を費やすことが多くなりましたが、人として生まれ仏法に出会えた喜び、穢土《えど》を厭《いと》い去り、浄土に往生《おうじょう》しようとし、そのために必要な心構えを説いた高僧の真意に、少しでも迫ることができれば、と願っています。

日本人のこころの言葉

源信

目次

言葉編

Ⅰ　人として生まれ、三宝に出会う

目次

Ⅳ　信心の心構え

生涯編

装　丁　上野かおる
編集協力　株式会社唐草書房

言葉編

＊原文は、引用にあたって、和歌以外は原則として新字体・現代かなづかいに改め、読みやすくするために、ふりがなや句読点を付けました。また、現在一般につかわれていない漢字はひらがなにするなどの調整をしました。

I

人として生まれ、三宝に出会う

① たまたま人間として生まれた喜び

それ、一切衆生《いっさいしゅじょう》、三悪道《さんあくどう》をのがれて、人間に生まるる事、大《おお》いなるよろこびなり。

（「横川法語《よかわほうご》」）

【現代語訳】一切の人間が、地獄道《じごくどう》・餓鬼道《がきどう》・畜生道《ちくしょうどう》の三悪道をのがれて、人間世界に生まれることは、大きな喜びであります。

一切衆生《いっさいしゅじょう》とは、本来、一切の生きとし生けるもの、つまり、人間を含むすべての生き物を指しますから、命あるものすべてを包括する広い視野を備えた言葉です。ただしここでは、便宜上、人間を中心に考えておきましょう。

私たち人間は、おのおのが与えられた寿命を生き、やがて死を迎える生き物としての営みを、長い間繰り返してきました。当今の最先端の科学は、この人間の生と死にかかわる神秘の世界や進化の過程を次々に解き明かし、日々、興味深い新知識を与えてくれていますが、源信のこの言葉は、どうやら最新科学とは別次元の話のようです。

六道輪廻《ろくどうりんね》という仏教の教えがあります。六道《ろくどう》というのは、地獄道《じごくどう》・餓鬼道《がきどう》・畜生《ちくしょう》道《どう》・阿修羅道《あしゅらどう》・人道《にんどう》・天道《てんどう》の六つの世界を指します。道とは、ここでは行きつく世界といった意味です。輪廻《りんね》とは人がみずからなした善悪の行為（業《ごう》）により、六道の間に生死《しょうじ》を繰り返すことで、いわば迷いの世界です。また四生《ししょう》という生まれ方の種類があります。胎生《たいしょう》・卵生《らんしょう》・湿生《しっしょう》・化生《けしょう》の四つで、胎生《たいしょう》は哺乳類のように母親の胎内から出生するもの、卵生《らんしょう》は魚類や鳥類のように卵殻《らんかく》から出生するもの、湿生《しっしょう》はじめじめした湿気の中から出生するボウフラや虫のようなもの、化生《けしょう》は何もないところから忽然と出生するもので天人《てんにん》や地獄の衆生《しゅじょう》などを指します。四生のどれかの生命体の形をとって、六道を生まれ変わり続けること、これが六道輪廻です。この無限の連鎖から抜け出すことが解脱《げだつ》で、解脱すればそこは仏の世界ということになります。

さて三悪道《さんあくどう》とは、この六道のうちの地獄道・餓鬼道・畜生道をいい、厭《いと》い離れるべき穢れた六道の代表格とされています。源信は、これらの世界ではなく人間世界に生まれたことが大いなる喜び、と言っています。なぜでしょう。

まず人間世界を三悪道と比較して、それよりはすぐれていると言います。身は賤《いや》しくとも畜生に劣ることはあるまい、家が貧しくとも餓鬼よりはすぐれているだろう、思うようにならないのが苦痛だといっても地獄の苦しみの比ではあるまい、と。これらはみな消極的な理由に過ぎません。この世に生まれたことを「大いなるよろこび」とする、より積極的な理由があるはずです。

それを源信は、「この世は憂《う》き世《よ》というように、決して住み心地がよいとはいえません。しかしだからこそ、かえってそれがこの世を厭《いと》い離れるたよりとなり、物の数にも入らないこの身の賤しさも、悟りを願うための手引きとなるのです」と言います。「憂」や「賤」を逆手にとり、この世を厭い去る梃子《てこ》にしているのです。今こそ六道輪廻の無限連鎖から解き放たれ、迷いの世界から離脱する千載一遇のチャンスだとすれば、これが大いなる喜びでなくて何なのでしょうか、というわけです。

「横川法語《よかわほうご》」は全文で四百数十字の短い文章ですが、源信の教えのエッセンスが詰まっています。横川は延暦寺三塔《さんとう》（東塔《とうとう》・西塔《さいとう》・横川《よかわ》）の一つで、源信が住房《じゅうぼう》を構え学問し修行した地域です。当時、新進気鋭の学僧が多く集ったところです。また「法語」とは、元来、仏法を述べた言葉を意味しますが、わが国では中世以後、とくに在家の信者を対象としてなされた説法を仮名で記した仮名法語《かなほうご》を指すことが多く、源信の「横川法語」は、その先駆けをなすものと評価されています。

仏教書の多くは漢文で書かれていました。源信の著述もまた多くは学問的著作で、漢文で書かれていましたが、この法語は仮名つまり日本語で著されているわけで、思想や信仰に関することを自国語で表現しようとする新しい動向の一つとすることができましょう。仏教が伝来してほぼ五百年。外来の宗教である仏教が、日本人の心に定着し、自分の言葉で語り始めたころの、一つの事例と見ることができます。

❷ 仏の教えに出会えたしあわせ

仏子《ぶっし》、今たまたま人身《にんじん》を得《え》、また仏教《ぶっきょう》に値《あ》えり。猶《なお》し一眼《いちげん》の亀《かめ》の、浮木《ふぼく》の孔《あな》に値《あ》えるがごとし。

【現代語訳】 仏弟子《ぶつでし》よ、この世でたまたま人間として生まれ、仏の教えに出会うことができたことは、たとえて言えば、一眼《いちげん》の亀《かめ》が大海にただよう浮木《ふぼく》の孔《あな》に首を入れるに似て、あり得ないほどにまれなことなのです。

（『往生要集《おうじょうようしゅう》』大文第六《だいもんだいろく》 別時念仏《べつじねんぶつ》）

この一文を読んでもっとも印象的なのは、なんと言っても、「一眼《いちげん》の亀《かめ》の、浮木《ふぼく》の孔《あな》に値《あ》えるがごとし」の部分でしょう。「一眼《いちげん》の亀《かめ》」とか「浮木《ふぼく》の孔《あな》」という、人の意表を突くたとえがめずらしくもあり興味をひきます。

この言葉は『法華経』にも見え、「仏に会い、仏法を聞きたてまつることは非常にむずかしい。それは、三千年に一度だけ花を咲かせるという優曇波羅華《うどんぱらげ》（優曇華《うどんげ》）の花を見るように、また一眼の亀が浮木の孔に会うのと同じように、きわめてまれなことなのです」とあります。

源信はこの言葉を踏まえ、次のように続けます。私たちもまた、まったく偶然に人間としてこの世に生まれ合わせ、幸いにも仏の教えに接することができたが、三途《さんず》や八難《はちなん》といった世界では、仏法を聞くことは不可能です、と。

三途は三悪道《さんあくどう》と同じで、六道のうちの地獄・餓鬼・畜生の三道を指します。また八難とは、仏にまみえることなく、仏の教えと無縁な八種の世界のことで、三悪道のほか、長寿を楽しんで求道心《ぐどうしん》が起こらない長寿天《ちょうじゅてん》や、仏の出世《しゅっせ》（一切の生けるものの救済のためこの世に現れること）に会わない世界などをいいます。いずれも仏の説法にあずからない無仏世界《むぶつせかい》ですから、仏法のありがたさは知るよしもないということになります。ましてや極楽往生や、悟りを得て成仏することなどは、望むべくもありません。

「これに対して私たちが生まれ住むこの人間世界は、迷いの世界とはいえ、釈尊《しゃくそん》により仏の教えに出会うことができたわけですから、なんとありがたいことでありましょうか。ですから一心に阿弥陀如来の御名《みな》を称え、『今日、かならず私を導き救いとって、極楽に往生させてください』と心に念じなければなりません」。こう源信は力説しています。

私たちが、人間としてこの世に生まれるのがきわめて希少であることは、人間がどういう存在であるかを考えるとき、その出発点となる仏法の根本でありますから、かならず了解すべきこととして、源信の『往生要集《おうじょうようしゅう》』にも随所に繰り返し説かれます。

たとえば「大文第一《だいもんだいいち》　厭離穢土《おんりえど》」には、「人間世界に生まれる者は、爪の上の土のように少数だが、三途《さんず》に堕ちる者は、十方世界《じっぽうせかい》の土を集めたほどに無数である」とあります。十方世界とは、東・西・南・北・東南・西南・東北・西北・上・下の世界で、さしずめ全世界とか全宇宙といったところです。このような比喩を用いて、この世に生まれ合わせることの希少と偶然に得るしあわせが説明されています。

そして源信は次のようにたたみかけます。

「これらの世界を生まれ変わり生まれ変わりして、無量《むりょう》の生死《しょうじ》を繰り返す中に、この世に生まれて人身《にんじん》を得ることはきわめて難しく、たとい人身を得たとしても、眼耳《げんに》鼻舌身意《びぜつしんい》などの器官と機能や、悟りへ向かわせるすぐれた能力などを具えることは困難であります。また、たとえこれらの器官や能力を具えたとしても、仏の教えに会うことはたいへんに難しく、さらに、もし仏の教えに出会えたとしても、信心を生じることは簡単ではないのです」と。

これもまた、前の言葉と同じように、六道輪廻《ろくどうりんね》の無限の循環の中で、たまたまこの世に人間として生まれた一瞬の好機を無駄にしてはならないと、人として生まれ仏法に会うことの大切さを教えているのです。

❸ この世の楽しみに執着してはならない

一篋《いっきょう》は偏《ひとえ》に苦《く》なり。耽荒《たんこう》すべきにあらず。

（『往生要集』大文第一　厭離穢土《おんりえど》）

【現代語訳】人間《にんげん》の身体は、ただ苦があるのみです。度を越して耽《ふけ》り楽しんではなりません。

むずかしい言葉で、原文と現代語訳が素直に結びつきません。一篋《いっきょう》とは何でしょう。耽荒《たんこう》とはどういう意味でしょう。

まず一篋《いっきょう》の「篋」とは狭い箱のことですが、ここでは人間の身体をこの箱にたとえています。それではなぜ身体が箱にたとえられるのでしょう。

仏教の考え方においては、万物《ばんぶつ》を作る構成元素を四大《しだい》といいます。大とは元素を意味する語で、四大とは地大《ちだい》・水大《すいだい》・火大《かだい》・風大《ふうだい》の四つを指します。地大とは堅固さを本質としそれを保持する作用をもち、水大とは湿潤を本質として収集の作用をもち、火大は熱さを本質とし成熟させる作用があり、風大は動きを本質として成長させる作用があるというように、それぞれに特性があてられています。

この四大をもって一切のものは作られていて、万物の一つである人間の身体も、この四大の結合によって構成されています。そこで人間の身体が四大の容れ物、つまり箱にたとえられているのです。ですから四大の調和が崩れると体調不良となります。

次に、耽荒《たんこう》とはどういう意味でしょう。これは度を過ぎて楽しみ耽ることをいいます。源信はこれをいけないことといましめていますが、それはなぜでしょう。源信はこの言葉に続けて、次のように言っています。

「人間には絶対に避けることのできない四つの苦しみがあります。いわゆる四苦《しく》で、四苦とは、生《しょう》（生まれること）、老《ろう》（老いること）、病《びょう》（病気になること）、死《し》（死ぬこと）の四つです。これに愛別離苦《あいべつりく》（愛する者と別れる苦）、怨憎会苦《おんぞうえく》（憎い者と会う苦）、求不得苦《ぐふとくく》（求めても得られない苦）、五取蘊苦《ごしゅうんく》（迷いの世界はすべて苦であるということ）の四つを合わせて、四苦八苦《しくはっく》になります。いかなる存在もこれをのがれることはできません。それなのに多くの人は、自分自身を貪り愛す心に覆われ、執着しています。これはいけないことです。」

四門出遊《しもんしゅつゆう》という有名な伝説があります。釈尊が出家する前、釈迦族の王子であったとき、カピラ城の東西南北の四つの門から出ると、それぞれの門で老人、病人、死人、出家者に出会い、それをきっかけに深く人生について考え、やがて出家を決意します。これを生・老・病・死の四苦とする説もあるように、四苦は、人を仏教の基本的な教えに導くキーワードであることがわかります。

身体を構成する四大は不調に陥りやすいから、いつも苦悩に満ちているので、決して五根《ごこん》（眼耳鼻舌身《げんにびぜつしん》）の楽しみに耽り、執着すべきものではないのです、と源信はいましめます。自分の身体ですらそうであるなら、自分以外のものなど論外でしょう。

源信は続けます。「妻子も珍宝も王位も、命終《みょうじゅう》の時に臨んで随うものは一つもありません。すべてこの世限りのものです。ただ、正しく修行するためのいましめである戒《かい》と、僧侶や教団や貧者などへの布施《ふせ》と、怠けることなく自己を完成しようとする不《ふ》放逸《ほういつ》だけが、今世《こんせ》と後世《ごせ》（この世とあの世）の伴侶となるのです。愛する家族も、手放したくない財宝も、名誉心を刺激する社会的地位も、死ねばすべてをこの世に置いていくことになります。ただ戒と布施と不放逸だけが、あの世までの伴《とも》となるのであり、それこそが悟りに至るためのかけがえのない宝なのです」と。

こうして源信は、人としてこの世に生をうけ、仏の教えに出会えた偶然をもっと大切にして、この世での生を生きなければなりません、という結論に導いていくのです。

❹ ひたすら仏に頼るということ

信心《しんじん》あさくとも本願《ほんがん》ふかきがゆえに、頼《たの》まばかならず往生《おうじょう》す。念仏《ねんぶつ》もの憂《う》けれども、唱《とな》ればさだめて来迎《らいごう》にあずかる。功徳莫大《くどくばくだい》なり。此《この》ゆえに本願にあうことをよろこぶべし。

【現代語訳】（阿弥陀如来《あみだにょらい》を）信じる心は浅くても、（人々を救《すく》いとろうという如来の）本願《ほんがん》は深いので、頼めばかならず往生することができます。念仏しようとしても大儀《たいぎ》で気が進まないときでさえ、唱《とな》えれば間違いなくお迎えにあずかることができます。そのように如来の功徳《くどく》は非常に大きいのですから、その本願にあえたことを喜ばなければいけません。

（「横川法語」）

信心というのは、自分の意思や努力により自力的に獲得されるもの、といった側面から理解されることがよくあります。これに対し鎌倉時代の親鸞《しんらん》は、信心は阿弥陀如来からいただいたものなのに、みずからの計らいによるものであるように心得るのは誤りだと説いていますが、源信の時代にはまだそのように徹底した「他力本願《たりきほんがん》」の言い方はなされてはいませんでした。ですから信心が浅いというのは、信じようとする努力が足りないからだ、などと叱咤《しった》激励されることにもなりますが、このようなあり方は、現在もあまり変わっていないように見受けられます。

ところが源信は、「信心あさくとも本願ふかきがゆえに、頼《たのま》ばかならず往生す」と言っていますから、この言葉どおりだとすれば、どうやらそれほど信心深くなくても救われるということになるようです。ただ、無駄を省いた簡潔な言葉づかいですので、ともすれば誤解を招きやすく、説明が必要でしょう。とくに「本願」とは何なのでしょうか。「人々を救いとろうという如来《にょらい》の本願」と言葉を少し補ってみましたが、逐語訳だけでは十分に理解するのは困難なように思われます。そこで遠回りのようですが、まずこの言葉についてみておきましょう。

本願とは、字義どおりでは、もとからの願い、仏や菩薩《ぼさつ》が衆生（あらゆる生けるもの）を救おうとして立てた過去世《かこせ》の願いをいいますが、この場合は、阿弥陀如来が過去世に法蔵《ほうぞう》と称していたとき、衆生救済のために立てた四十八の誓願《せいがん》を指します。それは『無量寿経《むりょうじゅきょう》』というお経に基づいていて、中国や日本の浄土教では、その中でも第十八願《がん》が最も重要な誓願とされてきました。その内容は、「もし私（法蔵）が仏（阿弥陀如来）になることを信じて疑わず、極楽浄土に往生したいと願って、私の名前（阿弥陀仏）を十声《じっせい》称えたにもかかわらず、もし往生できないとすれば、私は成仏することはありません」というものです。やや回りくどい言い方ですが、要は極楽を願い南無阿弥陀仏と十声称えるなら、かならず往生できるという意味です。

また源信はこれに続けて、念仏しようとしてもどうにも気が進まないときもありますが、そんなときでも南無阿弥陀仏と称えさえすれば、間違いなく阿弥陀仏や極楽の菩薩たちの来迎《らいごう》にあずかることができます、とも言っています。来迎とは、極楽浄土の仏である阿弥陀如来が、観音菩薩《かんのんぼさつ》や勢至菩薩《せいしぼさつ》を引き連れて、念仏者を極楽に往生させるため現れることです。四十八の誓願の第十九願に当たります。

何かをやらなければならないのに、なかなかやる気が起きないというのはよくあることです。しかしそれでも、本願を頼みさえすれば往生は間違いないというのであれば、少々いい加減な信仰心でもかまわない、ということになるのでしょうか。

たしかに文字面からすればそうなりますが、やはりこれは言葉尻をとらえた自分に都合のよい解釈というべきでしょう。私たち凡夫《ぼんぷ》には、そのような勝手な料簡はありがちなことで、小さな人間の小賢しさを源信はちゃんと見抜いています。しかしその点についてあれこれは言わず、ただ阿弥陀如来の本願の功徳の莫大なことと、それにあえたことの喜びを素直に感じなさい、とやさしく諭すばかりです。これもまた人間としてこの世に生まれたお陰であるからです。

そうして、「信心あさくとも」、「念仏もの憂けれども」と、人間の陥りがちな欠点をあげています。また別のところでは、自分のことを頑なで愚かな者とも言っています。人間とは本来こういうものだとの認識が源信にはあったのです。だから、ただ頼み、称えるだけでいいのです。源信の洞察の深さと仏の慈悲の寛さに感じ入るばかりです。

❺ それぞれが平等に仏に救われる

法華経《ほけきょう》、薬草喩品《やくそうゆほん》の心を読《よみ》はべりける
おほ（お）ぞらの雨はわきてもそそがねど
うるふ（う）草木はおのがしなじな（品々）

（『千載和歌集《せんざいわかしゅう》』）

【現代語訳】『法華経《ほけきょう》』の「薬草喩品《やくそうゆほん》」が言おうとするところを読みました。
大空の雨は地上の木や草のそれぞれに区別して降るわけではないが、雨を受けて潤《うるお》う草木はそれぞれがさまざまに成長することだ。

人はおのおのその能力や性格を異にし、信心の深さやレベルも同じではありません。しかし仏の教えはあらゆる人を対象にして、そこに分け隔てはありません。そして、人はおのれの能力や性格に応じ、またそれぞれの信心に見合った形で、教えを受け入れ、その信心を育み、悟りや仏の救済に近づいていくのです。

このような仏の慈悲と、救済の普遍性と、人間のあり方の関係を、地上のありとあらゆる所に満遍なく降り注ぐ雨と、すべての植物がその潤いを受けて成長することにたとえているのが『法華経』の「薬草喩品《やくそうゆほん》」です。人それぞれの違いを認めながら悟りや救済における平等を謳っている、この『法華経』の教えは、わかりやすい比喩と相まって広く受容され、日本人の心に深く沁《し》みいっていったようです。

平安時代の末期、後白河院《ごしらかわいん》（一一二七―一一九二）が編纂した歌謡集『梁塵秘抄《りょうじんひしょう》』にも四首残されています。そのうちの一つを紹介しましょう。「釈迦《しゃか》の御法《みのり》は唯《ただ》一つ、一味《いちみ》の雨《あめ》にぞ似たりける、三草二木《さんそうにもく》は品々《しなじな》に、花咲《はなさ》き実生《みな》るぞあわれなる」。三草二木は、仏の説法の雨を受ける衆生《しゅじょう》を、小草・中草・大草の三草と小樹・大樹の二木にたとえたものです。

❻ 仏が迎えにくる

弥陀如来《みだにょらい》はただ光を以《もっ》て遥《はる》かに照らしたまうのみにあらず。自《みずか》ら観音《かんのん》・勢至《せいし》とともに、常に来《き》たりて行者《ぎょうじゃ》を擁護《ようご》したまう。いかにいわんや、父母は病《やまい》の子に於《お》いては、その心偏《ひとえ》に重《おも》し。

【現代語訳】 阿弥陀如来《あみだにょらい》は、ただ救いの光をもってはるかに照らすだけではありません。みずから観音菩薩《かんのんぼさつ》と勢至菩薩《せいしぼさつ》とともに、つねに来て行者《ぎょうじゃ》を擁護《ようご》なさるのです。まして父母が、病気の子にはとくにその気持ちを重く寄せるのと同様に、如来もまた救いを求める行者に、とくに手をさしのべるのです。

（『往生要集』大文第六　別時念仏《べつじねんぶつ》）

人としてこの世に生まれた者が仏法僧《ぶっぽうそう》（仏《ほとけ》と仏の教えと僧）の三宝《さんぽう》に出会い、いよいよ最期の時に臨んで仏に迎えとられる場面です。仏とは、この場合、言うまでもなく阿弥陀如来《あみだにょらい》です。はるか西方にあるという極楽浄土の仏さまで、単独の像としても、阿弥陀三尊（観音菩薩《かんのんぼさつ》と勢至菩薩《せいしぼさつ》が脇侍《きょうじ》として左右に控える形）の主尊としても、知られています。

阿弥陀如来にはさまざまなすぐれた身体上の特徴があるとされます。『往生要集《おうじょうようしゅう》』にはおもなものとして三十二、細かな点を数えると八十もあると記されています。これをそれぞれ三十二相《さんじゅうにそう》、八十種好《はちじっしゅごう》といい、末尾の一文字ずつをとって相好《そうごう》といいます。相好は、相好をくずすなどと、日常語としてもしばしば用いられるポピュラーな仏教語です。

三十二相の例として、たとえば頭上の隆起である肉髻《にくけい》（髻はもとどり）があります。頭上に千の色の大いなる光明が光り輝き、一々の色は八万四千に枝分かれし、その光の中に無数の化仏《けぶつ》（衆生を救済するために現れた仏の仮の姿）がいるとされています。また、眉間にある旋毛のかたまりである白毫《びゃくごう》（毫は細い毛）があります。真っ白で柔らかい一本の毛が右回りに巻いていて、あらゆる方向に無量の光を発して無数の太陽を合わせたごとくであり、その光の中にはもろもろの蓮華《れんげ》が現れて、その一つひとつの花の上には化仏が坐してこれまた光を発している、といった具合です。仏は全身から無量の大光明を放っていて、冒頭の「弥陀如来《みだにょらい》はただ光を以《もっ》て遥《はる》かに照らしたまう」とは、そのことを踏まえた表現です。

しかし阿弥陀如来はその光で世界の隅々まで照らすばかりでなく、観音・勢至の両菩薩を従え、常に念仏の行者の前に現れて擁護します。だから念仏の行者は、今わの際において、「願わくば、仏、大光明を放ち、かならず来迎《らいごう》し、極楽に往生せしめたまえ、南無阿弥陀仏《なむあみだぶつ》」と念じなければなりません、と続けています。そのような最期の一念にかける念仏の行者こそが、阿弥陀如来の救いにあずかることができるのは、あたかも父母が平等に子どもたちを愛しながらも、とくに病気に苦しむ子に愛情を注ぐのと同じとも言っています。人々のだれかれを差別しているのではありません。みな平等ではあるけれども、阿弥陀如来の名を称える念仏の行者こそ、今すぐ救済を要する第一の対象になるのだというわけです。

浄土教の基本的な経典の一つに『観無量寿経《かんむりょうじゅきょう》』というお経があります。その中に、「(阿弥陀如来の)一々の光明は、あまねく十方《じっぽう》の世界を照らし、仏を念ずる人々を、摂取《せっしゅ》して捨てたまわず」とありますが、それを髣髴させる一節です。「摂取《せっしゅ》して捨てたまわず」という言葉は、阿弥陀如来が衆生を救いとって見捨てないという意味です。源信が『観無量寿経』のこの言葉をより所としているのは、間違いありません。

後世、日本浄土教の開祖法然《ほうねん》(一一三三—一二一二)やその弟子たちが、布教のために「摂取不捨曼荼羅《せっしゅふしゃまんだら》」と呼ばれる絵図を作ります。ところが、それが阿弥陀如来の放つ光明が専修念仏《せんじゅねんぶつ》の人々だけを照らし、他の諸善をなす人たちに救いの光を当てていない、と興福寺の僧侶に批判されたことがありました。批判の適否は別として、十方を照らす阿弥陀如来の光明と救済の対象としての念仏の行者を結びつけて説明する『観無量寿経』の大事な所を、的確にとらえ、選び出して説明している源信は、やはりすぐれた宗教者です。

六道輪廻《ろくどうりんね》の中で偶然にもこの世に人として生まれ、仏法僧《ぶっぽうそう》に出会った人々が、どうすれば解脱《げだつ》を遂げることができるか、それをわかりやすく説明している法語です。

《キーワード①『観無量寿経』》

『観無量寿経《かんむりょうじゅきょう》』は『無量寿経《むりょうじゅきょう》』『阿弥陀経《あみだきょう》』と併せて浄土三部経と総称される経典の一つで、感動的な物語を導入として極楽浄土のさまや阿弥陀如来の姿形を観想《かんそう》する（一心にその姿を想い描くこと）方法が説かれています。大筋を以下に記します。

王舎城《おうしゃじょう》に阿闍世《あじゃせ》という王子がいました。悪友提婆達多《だいばだった》にそそのかされて、父王頻婆娑羅《びんびさら》を城中奥深くに幽閉し、助けようとした王の夫人韋提希《いだいけ》をも殺害しようとしますが、臣下に母殺しを諫《いさ》められて思いとどまります。ここまでが導入部です。

次いで、幽閉された韋提希は釈迦に、「阿弥陀如来の極楽浄土に往生したい」と救いを求めます。釈迦は夫人に、まず過去・未来・現在の三世《さんぜ》の諸仏も修した三種の浄行《じょうぎょう》を教え、次に極楽浄土のさまを観想する十三の方法や九種の極楽世界に往生する方法を教えます。

観想の内容は、日没のさまを見て、見終わってもそれが明瞭に残るようにする日想《にっそう》、清らかな水を見てその映像を明瞭に脳裏に残すようにし、それが凍れば瑠璃《るり》を想像し、さらにその透き通ったさまを想像する水想《すいそう》、以下、地想《じそう》、樹《じゅ》想《そう》、八功徳水《はちくどくすい》の想などへと進み、さらに蓮華上に坐する阿弥陀如来の三十二相《さんじゅうにそう》の一つ白毫《びゃくごう》（眉間にある旋毛のかたまり）の観想に至り、観音・勢至両菩薩像の想に及びます。

この経典により極楽のイメージは具体的に想像されることになり、これをより所に多くの堂舎や仏像・仏画が作成されました。

Ⅱ

三界は安きことなし

⑦ 生死を繰り返す迷いの世界

それ三界《さんがい》は安《やす》きことなし。最も厭離《おんり》すべし。

【現代語訳】 迷いの世界である三界のどこにも安楽なところはなく、何をおいても厭《いと》い離れようとしなければなりません。

（『往生要集《おうじょうようしゅう》』大文第一《だいもんだいいち》 厭離穢土《おんりえど》）

三界は、「三界火宅《さんがいかたく》」（生死輪廻《しょうじりんね》の迷いの世界である三界を、火の燃えさかる家にたとえたもの）とか、「三界に家無し」（どこにも安住すべき家がないこと）などといった慣用語句でよく知られていますが、仏教語としては、衆生《しゅじょう》（生きとし生けるもの）が生死《しょうじ》を繰り返す迷いの世界の総称で、大別して欲界《よくかい》・色界《しきかい》・無色界《むしきかい》の三つに分かれます。

欲界《よくかい》というのは食欲・睡眠欲・物欲など欲望が支配する世界です。三界の最下層に位置づけられ、その内容は、下から順に地獄・餓鬼《がき》・畜生《ちくしょう》・阿修羅《あしゅら》・人《にん》・六欲天《ろくよくてん》（天《てん》の一部）で六道《ろくどう》ともいいます。六道輪廻《ろくどうりんね》などというときの六道です。天は色界《しきかい》と無色《むしき》界《かい》に及びます。色界は清浄な物質（色《しき》は形あるものの意味）により成り立ち、欲望を離れた四種の禅定《ぜんじょう》（心身が安定した状態）の世界とされ、欲界の上にあるとされます。無色界は三界の最上層にあり、欲望や物質の存在しない非物質の世界で純粋に精神的な世界とされますが、それでも迷いの世界の一部とされます。この無色界も天です。その最高処が有頂天で、「有頂天になる」という言葉でお馴染みの世界です。

この三界のどこにも安住の場所はないから厭離《おんり》しなさい、というのが源信の教えの出発点になります。

❽ 地獄とはどのようなものか

地獄《じごく》もまた分《わ》かちて八となす。一には等活《とうかつ》、二には黒縄《こくじょう》、三には衆合《しゅごう》、四には叫喚《きょうかん》、五には大叫喚《だいきょうかん》、六には焦熱《しょうねつ》、七には大焦熱《だいしょうねつ》、八には無間《むげん》なり。

【現代語訳】 地獄《じごく》もまた八つに分かれます。一には等活《とうかつ》地獄、二には黒縄《こくじょう》地獄、三には衆合《しゅごう》地獄、四には叫喚《きょうかん》地獄、五には大叫喚《だいきょうかん》地獄、六には焦熱《しょうねつ》地獄、七には大焦熱《だいしょうねつ》地獄、八には無間《むげん》地獄です。

(『往生要集』大文第一　厭離穢土《おんりえど》)

三界《さんがい》（欲界《よくかい》・色界《しきかい》・無色界《むしきかい》）のうちの欲界《よくかい》は、穢土《えど》と総称される穢《けが》れた世界です。速やかに厭《いと》い離れなさいと勧告される対象ですから、本書の「日本人のこころの言葉」という表題から連想されるものとはそぐわない感もありますが、源信の思想や信仰の原点となる世界観です。

以下、地獄《じごく》・天《てん》・人《にん》の順で述べていきますが、まず本項では地獄についてです。

三界の中で源信がもっとも詳細に説明している穢土は、なんといっても欲界中の地《じ》獄《ごく》でしょう。地獄は奈落《ならく》ともいいます。よく「奈落に堕ちる」などといいますが、奈落はサンスクリット語の音写です。厭い捨てなければならない穢土はいろいろありますが、『往生要集』の地獄の説明を一読すれば、それだけでただちに穢土のすべてが納得されるはずです。等活《とうかつ》・黒縄《こくじょう》・衆合《しゅごう》・叫喚《きょうかん》・大叫喚《だいきょうかん》・焦熱《しょうねつ》・大焦熱《だいしょうねつ》・無間《むげん》の八大地獄がきわめて精細かつ視覚的に描写され、だれしも戦慄を覚えないではいられません。わたしたちが住む世界の下にこれらの地獄があり、その最下層に無間《むげん》（阿鼻《あび》）地獄があるとされますが、そのどれもが五根《ごこん》（眼耳鼻舌身《げんにびぜっしん》の感覚器官）の限界を越え、耐えがたい苦痛を伴う、きわめて衝撃的な叙述に満ちています。どろどろに融けた鉄、鋭利な刃物、猛火、毒気・臭気、毒虫・猛獣、羅刹《らせつ》・夜叉《やしゃ》などにより、繰り返し呵責《かしゃく》され、殺害され、また蘇生させられ、それが永遠と思えるほど長い年月続きますから、速やかに厭い捨てよというのも道理です。

その最初の等活地獄《とうかつじごく》について少し詳しく紹介しましょう。それはわたしたちの住む世界の下一千由旬《ゆじゅん》にあり、縦横の広さは一万由旬《ゆじゅん》だとされます。由旬《ゆじゅん》は距離の単位で、一由旬は牛に車を引かせ行く一日の行程とも、帝王が一日に行軍する距離ともされています。

この中に堕ちた罪人は互いに害心《がいしん》をいだき、鉄の爪をもって血肉の尽きるまでつかみ裂き、さらに獄卒《ごくそつ》は鉄棒を握り罪人の全身を打ち砕き、あるいは鋭い刀で肉を切りさき、料理人が魚肉を屠《ほふ》るようにするとされます。しかも獄卒が鉄の指叉《さすまた》をもって地を打ち「活々《かつかつ》」と言うと死から蘇り、再び同様の苦しみが繰り返されます。これが人間世界の時間の単位では計りきれないほど長年月続きます。ちなみに記述どおりに計算すると、地球の年齢の数百倍にもなります。この世で殺生の罪を犯した者が堕ちるとされます。この地獄にはさらに極熱《ごくねつ》の屎泥《しでい》の所、鋭利な刀の林がある所、罪人を鉄の器で煎《い》る所など十六の別処《べっしょ》があり、責め道具には事欠きません。

地獄はどんどん下降して叫喚《きょうかん》地獄や焦熱《しょうねつ》地獄を過ぎ、やがては最下層の無間《むげん》地獄へと至ります。一つひとつについては省略しますが、各々の堕《だ》地獄に対応する罪状は、殺生《せっしょう》＋偸盗《ちゅうとう》（盗むこと）＋邪淫《じゃいん》＋飲酒《おんじゅ》＋妄語《もうご》＋邪見《じゃけん》などと次第に加増され、無間地獄に堕ちるのは五逆罪《ごぎゃくざい》（父・母・聖者を殺し、仏身を傷つけ出血させ、教団を破壊する行為）を犯した報いとされています。

苦痛の程度や時間の長さは一段階前の地獄の何千倍何万倍とされます。日常よく経験する擦り傷・切り傷・火傷・悪臭・凄惨な光景など、些細な苦痛や不快感を何万倍にも増幅させます。人は否応なしに想像をかき立てられ、五根《ごこん》で味わう苦痛が限界を越えて刺激され、恐怖心を煽《あお》られます。厭離穢土《おんりえど》へといざなう巧みな論法といえます。

しかし源信が『往生要集』で地獄のさまを構造的かつ具体的に説明することにより、そのイメージは格段に豊かになりました。それとともに迷いの世界の一つとして位置づけられたことにより、日本人の他界観やこの世に生きる意味などを考えさせるきっかけにもなったといえるでしょう。

⑨ 天人にも衰えがある

かの忉利天《とうりてん》のごときは、快楽《けらく》極《きわ》まりなしといえども、命終《みょうじゅう》に臨《のぞ》む時は五衰《ごすい》の相《そう》現わる。

（『往生要集』大文第一　厭離穢土《おんりえど》）

【現代語訳】　あの六欲天の一つ忉利天《とうりてん》は、この上ない快楽《かいらく》の世界であるとされますが、その忉利天の天人でさえも、いよいよ命終えんとするときには、五つの衰《おとろ》えの相《そう》が現れるのです。

「天」の字のつく仏教用語は数多くあります。四天王《してんのう》・帝釈天《たいしゃくてん》・毘沙門天《びしゃもんてん》や天女《てんにょ》・天衣《てんね》（羽衣《はごろも》）・飛天《ひてん》など、すぐに思いつくものだけでも五指をこえるでしょう。しかしこれらに比べて忉利天《とうりてん》は、わたしたちにとって、あまり耳にしたことのない名称かもしれません。

忉利天には帝釈天が住み、釈迦の母摩耶夫人《まやぶにん》が死後ここに生まれたとされ、釈迦はその母のためこの天に上って三カ月間説法をしたと伝えられています。釈迦の生涯をあらわした話においてはたいへんに重要な場面ですから、昔から繰り返し語られ、またそれを象徴するものとして、釈迦がこの世と忉利天を昇降する階段が絵に描かれたり石に彫られたりしています。日本ではそれほどでなくても、他の仏教国では広く知られた天の名です。ただ忉利天はなじみが薄くても、すこし仏像に興味をもっている人なら、京都清凉寺《せいりょうじ》のいわゆる清凉寺式釈迦像を知っているでしょう。縄目状の頭髪や着衣の流水状の文様など、その特異な形状は一目で記憶に残る異国性を感じさせます。この像は、忉利天に上った釈迦の不在を憂えた優塡王《うでんおう》という王が釈迦を偲んで、梅檀《せんだん》の木で釈迦像を造ったとされますが、これを模刻した仏像が平安時代に伝えられて清涼寺に所蔵され、現在も多くの善男善女の尊崇を集めているのです。さらにこれをモデルとして多くの模刻像が造られましたから、この像を通して忉利天は意外と身近にあった、ということになりましょうか。

さて私たちの住む人間界は欲望に支配された迷いの世界で、地獄・餓鬼・畜生・阿修羅などと併せて欲界と呼ばれます。そして忉利天のほかに、四天王がいる四王天《しおうてん》や弥勒菩薩が住む兜率天《とそつてん》などを含めた六欲天《ろくよくてん》と呼ばれる世界も欲界の一部とされ、迷いと欲望の世界とされています。通常の理解では、天界に住んでいるのが天人（女性は天女）で、かれらは仏の所作を喜び、天の音楽や花・香などで仏を讃嘆し、羽衣をなびかせて天を飛翔するなど、仏の世界にも似た美や快楽のイメージでとらえられていると思います。多くの仏典にそのように述べられていますし、寺院の荘厳《しょうごん》（仏菩薩《ぶつぼさつ》や仏国土《ぶっこくど》を厳かに飾ること）に見られるその姿は、まさに快楽の極みを示しているように見受けられます。有名な平等院鳳凰堂《びょうどういんほうおうどう》の飛天《ひてん》は極楽浄土のさまをあらわしたものですが、天上の世界もかくや、と想像力がかき立てられます。

ところがこの天人にも寿命があり、やがては最期が訪れ、そのときには五種の衰えの相が現れるといいます。それは、一には頭上の花鬘《はなかつら》がたちまちに萎み、二には天衣《てんね》が塵や垢にけがされ、三に脇の下より汗が流れ、四には両眼がしばしばくらみ、五にはこれまでいた天界の楽しみを味わえなくなる、などとされます。五衰《ごすい》の内容には異同がありますが、天人でさえもが、その寿命や楽しみには限りがあるということです。

無論、忉利天の天人も例外ではありませんから、これらの衰相《すいそう》が現れると、天女や仲間の天人たちからは見放され、忉利天の主である帝釈天に拝謁することもできず、甘露を味わうことも、妙なる楽の音を聴くこともできなくなります。この苦しみは地獄よりも凄まじいとされます。

こうした衰相と苦悩は、忉利天以外の欲界の諸天でも同様です。また天の世界は欲望を離れた色界《しきかい》や、物質を超越した無色界《むしきかい》にも及びますが、そのような世界でもついには阿鼻地獄《あびじごく》（無間地獄《むげんじごく》）に堕する苦を免れないと、源信は言っています。仏の国のほかに理想世界はないとすれば、当然の結論でしょう。

目先のことに惑わされず、何が真実かを見極めたら、ぶれずに主張しみずからも歩み続ける、こういった源信の生き方がよく示されている一文です。

⑩ この身は不浄である

まさに知るべし。この身は始終《しじゅう》不浄《ふじょう》なることを。愛するところの男女も皆またかくのごとし。だれか智《ち》ある者、さらに楽著《ぎょうじゃく》を生《しょう》ぜん。

【現代語訳】　この身は生まれてから死ぬまで、不浄であり続けると知るべきです。愛し合う男女も例外ではありません。智恵《ちえ》ある者のだれが、この上さらに愛着を懐くことがありましょうか。

（『往生要集』大文第一　厭離穢土《おんりえど》）

あらゆる責苦《せめく》を被る地獄道《じごくどう》や飢餓《きが》にさいなまれる餓鬼道《がきどう》に比べれば、人道《にんどう》（人間世界）はまだ幸せと思うかもしれませんが、天道でさえ五衰《ごすい》の相を現し堕地獄《だじごく》の苦を免れないとすれば、それより下層の人道が例外である道理はありません。

源信は、「人道には三つの相《そう》がある、それは不浄と苦と無常の相《そう》である。人間は生涯、不浄と苦と無常からのがれることはできない。それなのに不浄を浄とし、苦を楽とし、無常を常とする誤りを犯している」と指摘しています。

仏教ではこの三つに「無我《むが》を我《が》とする誤り」を加えて、常《じょう》・楽《らく》・我《が》・浄《じょう》の四種を誤りとしていますが、源信は我（無我）を省いています。

仏教においては自我や個我あるいは人間存在の永遠不滅を認めません。それで無我というのですが、「無我を我とする誤り」などといわれても、抽象的でなかなかピンときません。源信が常（無常）・楽（苦）・浄（不浄）の三つをとりあげて我（無我）を略した理由は、無常や苦や不浄は日常感覚からしておおよその類推が可能でしょうが、我（無我）は五根《ごこん》（眼耳鼻舌身《げんにびぜつしん》）や六根《ろっこん》（五根＋意《い》）に直接訴えるものではないだけに難解です。そこで感覚的あるいは経験的にわかりやすい、不浄・苦・無常を選び説いているものと思われます。これらのうち不浄について、源信はどのように説明しているでしょうか。

人間が不浄であるということですぐに思い当たるのは、大小の排泄物でしょうか。まだ水洗便所が普及していなかった少し前の時代までは、便所を「御不浄」などともいいました。先に地獄の別処《べっしょ》に極熱《ごくねつ》の屎泥《しでい》の所があることに触れましたが、極熱の屎泥とその中をはいまわる金剛の嘴《くちばし》の虫が、罪人を食い苦しめるさまが記されています。また、この人道の項でも、どんなに上等の料理を食べようとも一夜を経る間に不浄となる、などと述べています。

しかし源信が言う不浄の範囲はさらに広く、その考察も深く、私たち人間の身体およびその機能のすべてを対象とし、命終《みょうじゅう》の後の死体の変化から無常観に思い至らせるほどのものであることを、理解すべきでしょう。

源信は次のように言います。「身体は三百六十の骨が寄り集まり、互いに支え合ってかろうじて成り立っているばかりで、朽ち崩れんとする家のごときものである。そして数百の肉片は壁土《かべつち》のようであり、無数の細い脈や筋が縦横に身体をめぐり、五つの感覚器官である五根《ごこん》やそれらの穴は不浄に満ちている。また五臓六腑《ごぞうろっぷ》は血液・糞・尿などを蔵し、これらをごく薄い皮膚がわずかに覆っているにすぎない。外に端正な風貌をしていても内にはもろもろの不浄を包み隠しているのだから、あたかもきれいに彩色した瓶に汚物を盛ったようなものである」と。

　このように見てくれば、この身は若いときから老年に至るまで、始終不浄であると了解されるはずです。そして命終の後はもっと悲惨です。死を穢《けが》れとする日本人の慣習で、穢れた死体は墓所に捨てられます。数日経つと死体は膨張し、爛《ただ》れ崩れ、膿血《のうけつ》は流れ出て、それを烏や犬などの禽獣が競い食い、その後は無数の蛆虫《うじむし》がはい出て、やがて白骨となり、手足・髑髏《どくろ》などがばらばらになります。中世の絵巻に『九相詩絵《くそうしえ》巻《まき》』や『餓鬼草紙《がきそうし》』があります。そこには死体の変化や墓所の凄惨でおぞましい光景が描かれていますが、おそらく源信の影響であるとともに、通常よく見られた実態でもあったろうと思います。

⑪ 人間世界は苦に満ちているという大前提

この娑婆《しゃば》世界は、これ悪業《あくごう》の所感《しょかん》、衆苦《しゅうく》の本源《ほんげん》なり。

【現代語訳】 われわれが住むこの人間世界は、（前世《ぜんせ》からの）悪《あ》しき行いの結果であり、多くの苦しみの本源であります。

（『往生要集』大文第六 別時念仏《べつじねんぶつ》）

これは人間世界の不浄《ふじょう》・苦《く》・無常《むじょう》の三つの相《そう》のうち、苦に関する言葉です。人間が六道《ろくどう》を輪廻《りんね》してこの人間世界に生まれたのは、過去世《かこせ》（前世）におけるさまざまな悪しき行いの結果であり、この世界に生まれたこと自体が、もろもろの苦しみの源になっているのだ、という意味でしょう。

人間の苦は生まれた途端に始まるのだということを言うために、源信は「人間は赤《あか》子《ご》としてこの世に生を受けると同時に、素手で抱こうが産着《うぶぎ》を着せようが、冬は寒冷に、夏は酷暑の苦しみに遭遇する。それは牛を生剥《なまは》ぎにして、生垣や壁に触れさせるようなものだ」とも説明しています。先に、人間には絶対に避けることのできない四つの苦しみ（生《しょう》・老《ろう》・病《びょう》・死《し》）があると説明しましたが、赤子の例示は、まさに生老病死の生《しょう》にかかわることです。

また源信は、苦には内苦《ないく》と外苦《がいく》の二つがあるとも言っています。内苦は、眼・耳・鼻・舌・咽喉・歯・胸・腹・手・足など、身体の各部に生じるさまざまな病気による苦をいい、外苦は、たとえば牢獄に囚われて種々の刑罰を科されて受ける苦、また蚊・虻《あぶ》・蜂などの毒虫に刺され吸われる苦、そのほか寒熱・飢渇・風雨などの自然現象により被る苦など、自身の外から受ける苦のことだとされます。

源信は取り上げた言葉に続けて、「生《しょう》・老《ろう》・病《びょう》・死《し》の四苦《しく》は果てることなく繰り返し、三界に生きることは牢獄に束縛されているのも同然で、一つとして願わしく思うものはありません。もし、人間として生まれて必然的に受けざるをえない苦を、今このときに厭《いと》い離れ、輪廻《りんね》を解脱《げだつ》しなければ、一体、いつできるというのだ」と警告しています。

しかしわたしたちは人生が苦ばかりだとはなかなか思えません。目の前に楽しいことはいくらでもあるからです。寿命が限りあるものと頭では知っていても、実感はわきません。人生これからという青年や、なにはともあれ今日を生き抜かなければならない境遇の人や、健康で充実した毎日を送っている人であれば、なおさらです。大病を患うとか、高齢になれば、そのような気になるかもしれませんが、人間としてこの世に生まれたからには、そのときを迎えるまでは健康で前向きに、というのがだれしも願うところです。

源信ですらその生涯を見るかぎり、幾多の苦労に耐え、ひたすら学問に励み、中国仏教界との交流を何度も試みるなど、きわめて行動的な人生を送っています。決して手をこまぬいて、死期の訪れるのを待っていたわけではありません。しかし源信は、人生は苦に満ち死は必然であるのが大前提で、そうと認識したうえで永遠の生《せい》や楽《らく》を求めたのです。

それが阿弥陀如来の極楽浄土への往生です。極楽浄土のありさまについては、「Ⅲ 浄土へのいざない」の各項で詳しく説明しますが、この世での苦とは対象的な喜びと快楽に満ちた世界です。

極楽に往生する人は、まず阿弥陀如来や観音・勢至の両菩薩や極楽の人々のお迎えを受け、ついで咲きほこる浄土の蓮華のなかに生まれ変わり、たとえようもなく甘美な音楽や目をなごませる景観と、それを自由に享受する人々を目のあたりにすることができます。そして極楽は、一度《ひとたび》ここに至れば、決して退くことのない不退転《ふたいてん》の世界であるともされますから、永久に迷いの世界の苦しみやおそれから免れることができるのです。このような極楽に比べ、人間世界がいかに苦に満ちているかは明瞭です。

どうして刹那《せつな》の楽しみに耽《ふけ》り、さまざまな苦の相を忘れてよいでしょうか。

⑫「無常」は絶対避けられない

まさに知るべし、もろもろの余《よ》の苦患《くげん》は、或《あるい》は免《まぬが》るる者あらんも、無常《むじょう》の一事《いちじ》は、終《つい》に避《さ》くる処《ところ》なきを。

（『往生要集』大文第一　厭離穢土《おんりえど》）

【現代語訳】　さまざまな苦悩や患いは、時にこれを免れる人がいるかもしれませんが、無常の一事だけは、どうしても避けることができないと知るべきです。

不浄・苦・無常のうちの最後は無常に関する言葉です。人生を移ろいやすいものとする考えは、仏教に限らずいろいろな思想に含まれていて、洋の東西と古今を問わず広く共有されていますが、無常もその一つです。

無常が、日本人の精神生活にもっとも深くとけ込んだ仏教語の一つであることに、異論を唱える人はいないでしょう。あらゆるものが変化し止まらないこと、変化し続けて永続性がないこと、人生は変転きわまりないこと、人が死ぬことなどといったことに対し、わたしたちはしばしば不可抗力や無常感をいだいたりします。

また時には無常の二文字を使っていなくても、それらしい跡を容易に目にすることができます。古くは『万葉集』の歌人沙弥満誓《しゃみまんぜい》が、

世の中をなにに譬《たと》へむ朝びらき　漕《こ》ぎ去《い》にし船の跡《あと》なきごとし

と詠み、人の世のはかなさを、港を漕ぎ去った船の航跡が、消えてなくなってしまうことにたとえています。また源信と親交のあった源為憲《みなもとのためのり》は、その著『三宝絵《さんぼうえ》』にこの歌を引き、「人生は、白駒《はっく》の隙《げき》を過ぐるがごとく短く、またたく間に過ぎ去っていく。我らの本分は、懸命に勉強し、いわゆる螢雪《けいせつ》の功《こう》を積むことにあるが、しばら

くはそれをのがれようではないか」と続けています。

しかしなんといっても、鴨長明《かものちょうめい》『方丈記《ほうじょうき》』が無常観を吐露した代表作の一つであることは、だれしも認めるところでありましょう。冒頭の「ゆく河の流れは絶えずして、しかももとの水にあらず。よどみに浮かぶうたかたは、かつ消え、かつ結びて、久しくとどまりたるためしなし」は広く知られており、その流れは数百年後の現代にもたしかに及んでいます。

この無常をのがれることは絶対に不可能であることを、源信は言葉を尽くし、次のように経典を引き、それをより所に何度も繰り返します。

・この日すでに過ぎぬれば、命すなわち減少す。小水《しょうすい》（少水に同じ）の魚のごとし。これ何の楽しみかあらん。（『出曜経《しゅつようぎょう》』）

・水流るれば常に満たず。火盛んなれば久しくは燃《も》えず。日出ずれば須臾《しゅゆ》（しばしの間）にして没し、月満ち已《お》わればまた欠く。尊栄高貴《そんえいこうき》なる者も、無常の速やかなるこれに過ぎたり。まさに念じ勤め精進《しょうじん》して、無上尊《むじょうそん》（仏のこと）を頂礼《ちょうらい》（五《ご》体投地《たいとうち》のこと。最高の敬礼法）すべし。（『罪業応報経《ざいごうおうほうぎょう》』）

また源信は、「無常が人道《にんどう》（娑婆《しゃば》）に住む人間だけの宿命なのかと問えば、もちろんそうではありません。仙人となって天に上り、超人的な神通力を得た者でも同様なのです」と『発句譬喩経《ほっくひゆぎょう》』というお経に依拠して説明します。

このお経は、「五通《ごつう》（五つの神通力）を得た四人兄弟のバラモンがいて、七日後に自分たちの寿命が尽きることを知ります。そこで恐ろしい無常からのがれるために、それぞれ大海中に入り、須弥山《しゅみせん》に登り、虚空に隠れ、市中の雑踏に紛れてのがれようとしますが、結局はのがれきることはできません。あるとき一人のバラモンの死が市の役人によって報告されたことから、釈迦は生老病死《しょうろうびょうし》をのがれることはできないと悟ります」と物語っています。

そこで源信は、取り上げた一句を掲げ、続けて「仏の教えのごとく修行して、永久に失われることのない常楽《じょうらく》の結果を、願い求めなさい」と、極楽浄土への往生を勧めるのです。

⑬ 白骨の身になぜ執着するのか

つらつら一期《いちご》の栄華《えいが》を思案するに、ただ白骨《はっこつ》を帯《たい》して歳月を送る。白骨の上に衣装を荘《かざ》り着て、白骨の身をもってただ世を渡る。

（「白骨観《はっこつかん》」）

【現代語訳】 よくよく人の一生の栄華というものを考えてみると、それはただ白骨とともに歳月を送っているにすぎません。また白骨の上に衣装を飾り着て、白骨の身をもって世を渡っているだけともいえます。

人体の骨格や標本を目にして、それを自分の身体と重ね合わせ、おのれの骨組みの構造を納得することはあっても、いつか来る最期に思いを馳せ、さらに人生の無常に思いを致す人はあまりいないでしょう。骨組みの標本はともかくとして、人はある年齢に達すると、はるか彼方と思っていた行《ゆ》く末《すえ》が視界に収まりはじめ、そうなると逆に来《こ》し方《かた》を振り返り、生の意味を問い直したりするものらしく、近年、そのような方々の半生記を頂戴することも少なくありません。大抵のことは乗り越えてきた実体験に裏打ちされていますから、拝読して興味深く、また参考にもなります。

源信も老齢に達したとき、そのような心境に至ったようです。ただそこは、人の生と死を考えることを職業的命題としていた宗教家ですから、単なる回顧録に終わってはいない点が大きな違いです。標記の言葉を収める「白骨観《はっこつかん》」は、短文ですがそのように感じさせます。人は、やがては野山に朽ち果てる白骨の上に衣装をまとっているにすぎない、と喝破しています。古代や中世の社会では、白骨を直接目にすることが現代のわたしたちよりはるかに多かったとはいえ、それでも死期が間近に迫りでもしないかぎり、おのれの白骨を想像し生や死の意味を問い直すことなどは、そうなかったと思われます。その点やはり源信は、同時代においても稀な普遍的な思考にたけた、すぐれた人であったと思わざるをえません。

源信がみずから年齢を記すことはめずらしいのですが、文中に「予《よ》が年齢《よわい》すでに七《しち》旬《じゅん》に満《みつ》つ」と記しています。七旬とは六十一歳から七十歳までをいいます。現在の数え方では十年遅らせる場合が多いようですが、本来は六十歳台を意味します。源信の時代は本来の数え方が一般だったと思われます。「七旬に満つ」とは、その六十歳台が満ちたわけですから、七十歳ちょうどかそれを越えた七十一歳ころでしょうか。いずれにせよ「七旬に満つ」とめずらしく明記したのは、この年齢に至り「白骨観」を書くべき年齢であると意識した心理のあらわれでしょう。源信は次のように言います。

「すでに齢《よわい》七旬に満ちた。死んで白骨があらわにさらされる日も遠くはない。悲しいかな。この白骨を顧みずして、名利《みょうり》（世俗の名声と現実的な利益）の心地を常に断つことができないでいる。この骨を手をもってなで触るにつけ、どうして穏やかでいることができようか。」

よくよく人の一生の栄華というものを考えてみるに、それはただ白骨とともに歳月を送っているにすぎません。また白骨の上に衣装を飾り着て、白骨の身をもって世を渡っているだけともいえます。薄皮の下につながっている白骨はまことに頼りなく、頼りたくても頼れないのが白骨なのです。

ここまでくれば、わが身が執着に値しないのは明瞭で、さらに来世《らいせ》での救済を仰ぐべきことが了解されるでしょう。「白骨観」の末文は仏への祈願の言葉で結ばれています。曰《いわ》く、

この白骨《はっこつ》を哀《あわ》れみ、臨終正念《りんじゅうしょうねん》（臨終時に迷わず極楽往生を念じること）にして往生《おうじょう》を遂《と》げしめたまえ。

これより約二百年の後、後鳥羽院は流刑の地隠岐《おき》で「無常講式《むじょうこうしき》」を作ります。その一節に、「誰《たれ》か百年の姿形を保とうか。（略）肉は落ち皮は剥《は》げ、ただ生々《なま》しい髑髏《どくろ》は日にさらされ雨に洗われて終《つい》には朽ちて土と成ってしまう」とあります。さらにその後、浄土真宗の蓮如《れんにょ》は「朝《あした》には紅顔《こうがん》ありて夕《ゆうべ》には白骨《はっこつ》となれる身なり」（「白骨の御文《おふみ》」）と説きました。身体の基幹部分を形成する骨を、死や極楽往生と結びつけた源信の洞察が、長く継承されていった事実を垣間見ることができるのではないでしょうか。

《キーワード② 黄泉国《よみのくに》と六道》

六道輪廻《ろくどうりんね》という言葉には半永久的な経過時間と解脱《げだつ》困難の印象がありますが、わが国古代の他界を示す語である黄泉国《よみのくに》は、かなり短時間での往復が可能のようです。

まず文献上最古の『古事記《こじき》』では、伊耶那美《いざなみの》命《みこと》の死後の世界（黄泉国）を訪れた伊耶那岐命《いざなぎのみこと》は、黄泉国の討手《うって》に追われ出雲国《いずものくに》（島根県）の黄泉比良坂《よもつひらさか》を抜けて脱出に成功します。生者による死者の国への往還が可能で、この世とあの世は時間的にも空間的にもひと続きになっているとの理解のようです。

平安時代の「道賢上人冥途記《どうけんしょうにんめいどき》」には、三善《みよしの》清行《きよゆき》の子道賢《どうけん》が、天慶四年（九四一）、吉野の金《きん》峰山《ぶせん》で修行中にたちまち仮死状態に陥り、その間、太政威徳天神《だじょういとくてんじん》（死後の菅原道真）に連れられて地獄に堕ちている黒焦げの醍醐天皇を望見し、その後蘇生した話があります。

死後の世界をめぐる話はその後も作られますが、平安時代以後の話では黄泉国ではなく地獄とされています。しかし、その往還の自在さは『古事記』と大差ありません。

仏教説話集『日本霊異記《にほんりょういき》』には、閻魔王《えんまおう》に召される予定の楢磐嶋《ならのいわしま》という男が、地獄の使いの鬼に賄賂を与えて堕地獄《だじごく》を免れる、という話もあります。まさに「地獄の沙汰も金次第」といったところです。

六道輪廻の解脱《げだつ》が困難であるのに比べ、わが国の地獄観は相当に融通無碍《ゆうずうむげ》で、仏教思想の根本をいかに定着させていくか、ことはそう簡単ではなさそうです。

Ⅲ

浄土へのいざない

⑭ 汚濁の世界からのがれるには

それ往生極楽《おうじょうごくらく》の教行《きょうぎょう》は、濁世末代《じょくせまつだい》の目足《もくそく》なり。道俗貴賤《どうぞくきせん》、誰《たれ》か帰《き》せざる者あらん。

【現代語訳】 そもそも極楽往生のための教えや修行は、この汚濁に満ちた末代のわたしたちを導く目であり、足であります。僧侶でも俗人でも、身分の高い者でもいやしい者でも、だれかこれに帰依《きえ》しない者がありましょうか。

（『往生要集《おうじょうようしゅう》』序）

源信の名は大抵の歴史の教科書に出てきますから、主著『往生要集《おうじょうようしゅう》』とともに広く知られています。かれは比叡山延暦寺《ひえいざんえんりゃくじ》の寺域の一角、横川《よかわ》というところで学問と修行と信仰に明け暮れた僧侶です。その学問は天台宗《てんだいしゅう》を基本として他宗にも及び、いくつもの著作を残しました。『往生要集』もその成果の一つです。ただし浄土教は、源信の学問と信仰における中心の課題でしたから、『往生要集』をもって源信を代表させるのに、なんら不都合はありません。その『往生要集』冒頭が「それ往生極楽《おうじょうごくらく》の教行《きょうぎょう》は」で始まる一節です。源信の言葉の中でも、もっとも知名度が高い一文、といって差し支えないでしょうが、少し詳しくみていきましょう。

まず、「往生極楽《おうじょうごくらく》の教行《きょうぎょう》」という言葉についてです。

往生とは、死後、阿弥陀如来の極楽浄土に往《い》って生まれることをいいます。往生の語は、元来、他の世界に生まれることを意味し、極楽浄土に特定されるものではありませんでした。仏菩薩《ぶつぼさつ》の住する世界ならどこでも浄土であり、たとえば薬師如来《やくしにょらい》の東《とう》方《ほう》瑠璃光浄土《るりこうじょうど》、釈迦如来の霊山浄土《りょうぜんじょうど》などがそうであり、弥勒菩薩《みろくぼさつ》の兜率天《とそつてん》や、観《かん》世《ぜ》音菩薩《おんぼさつ》の補陀落《ふだらく》も浄土とされました。しかし兜率天のように三界《さんがい》（欲界《よくかい》・色界《しきかい》・無《む》色界《しきかい》）に属する世界は、迷いの世界であり穢土《えど》の一部ですから、厳密には仏国土《ぶっこくど》（浄土）でないことは留意すべきかもしれません。

このような中で阿弥陀如来に対する信仰が強くなると、その浄土である西方極楽《さいほうごくらく》浄土《じょうど》が浄土の代名詞のようになりました。こうして浄土往生といえば阿弥陀如来の極楽浄土に生まれることを意味するようになるのです。

また死ねばかならず極楽に生まれるとは限らず、ふたたびこの世に生まれるか、地獄か天か浄土か、どの世界に往《い》って生まれるかは、それまでの行い（業《ごう》）によるのです。ついでながら、死ねば仏に成る（成仏《じょうぶつ》）とも限りません。ですから極楽に往生したからといって、成仏したというわけではありません。ともかく浄土に生まれること、これが往生の意味です。

さて、それでは極楽往生のための教行《きょうぎょう》とは何でしょう。それは極楽への往生が可能になる「教え」と「行い」のことで、まさに『往生要集』の核心を成すものです。

次に濁世末代《じょくせまつだい》とはどういうことでしょう。濁世は穢れや悪に満ちた世界のことで、わたしたちが住むこの娑婆《しゃば》世界がそうだとされます。五濁悪世《ごじょくあくせ》ともいいます。五濁の内容は、人々が誤った見解をもち、怒りや貪りなどの煩悩が盛んに起き、心身が疲弊し苦悩が多く、寿命が次第に短くなり十歳になる、という四つのこと、加えてその四つのことが起こる時代であるということの五つを一まとめにした言葉です。このように運命づけられている時代ですから悪世であり、末代とか末世というわけです。この濁世末代からのがれるための方法が極楽に往生するための教《きょう》と行《ぎょう》になるのです。

これに続けて源信は以下のようにも言っています。

「極楽往生の教行《きょうぎょう》以外にも多くのすぐれた教と行があるでしょう。しかしそれらは、賢明でよく精進する人にとっては容易でしょうが、そうでない人には決して簡単ではありません。わたしのように『頑魯《がんろ》の者』には、極楽往生以外の教えと行はとても難しく、到底かないません」と。

頑魯とは頑《かたく》なで愚かという意味です。源信はたいへんな学者ですから決して頑魯ではありません。大多数を占める凡人のために自分を引き合いに出し、極楽往生こそが穢れたこの世から脱出するための、もっともやさしい方法であることを言おうとしているのです。

⑮ 極楽のご利益は無尽蔵

今、十《じゅう》の楽《らく》を挙《あ》げて浄土《じょうど》を讃《たた》えんに、猶《なお》し一毛《いちもう》もて大海《たいかい》を滴《したた》らすがごとし。

【現代語訳】 今、十の楽しみを選びあげて浄土を讃えようと思いますが、それでもやはり一本の毛をもって大海の数滴をしたたらすようなもので、とても言い尽くせるものではありません。

（『往生要集』大文第二《だいもんだいに》 欣求浄土《ごんぐじょうど》）

この言葉は、「大文第二《だいもんだいに》　欣求浄土《ごんぐじょうど》」の冒頭で語られています。極楽浄土を欣《よろこ》び求めるとはいっても、一体、極楽とはどういう世界なのか、極楽浄土の素晴らしさも、そこに住む人々が享受する功徳もどういうものか、聞いてみなければわかりません。そこでそれを逐一説明しようというのがこの章なのです。しかも、それを十の楽しみに絞り説明すると言っています。百劫《こう》・千劫という長い時間をかけても説明し尽くせないとか、一毛で大海の数滴を滴らすようなものと言いながら、まことに大胆な絞り込みです。

しかしこの試みはみごとに成功したようです。藤原道長の栄華を主とした歴史物語『栄花物語』巻十八「たまのうてな」は、『往生要集』の「極楽《ごくらく》の十楽《じゅうらく》」の文によっていますし、しばしば和歌の題材としても取り上げられています。たとえば、西行（一一一八―一一九〇）の『聞書集《ききがきしゅう》』に見える十楽歌《じゅうらくか》は、十楽の一つ一つを題にして詠まれたもので、「聖衆来迎楽《しょうじゅらいごうのらく》　ひとすぢ（一筋）にこころ（心）のいろ（色）をそ（染）むるかな　たなびきわたるむらさき（紫）のくも（雲）」はその一例です。

それでは「極楽《ごくらく》の十楽《じゅうらく》」とは、どのようなものでしょうか。

第一の聖衆来迎《しょうじゅらいごう》の楽《らく》とは、念仏の行者が命終《みょうじゅう》のとき、阿弥陀如来《あみだにょらい》が観音菩薩《かんのんぼさつ》や勢至菩薩《せいしぼさつ》以下、極楽の聖衆《しょうじゅ》（菩薩たち）を率いて行者の前に来迎することをいいます。来迎は文字どおりお迎えの意で、浄土へ導き阿弥陀如来の光に救いとるのです。

第二の蓮華初開《れんげしょかい》の楽《らく》とは、極楽の蓮台《れんだい》に生まれ、その蓮華が初めて開くやいなや体験する楽しみで、身体が金色に輝き、筆舌に尽くしがたいほど美しい光景を眼前にし、観音《かんのん》・勢至《せいし》の両菩薩に従って仏の御前《みまえ》に近づくことができるなどの楽しみです。

第三の身相神通《しんそうじんずう》の楽《らく》とは、極楽の菩薩たちは非常にすぐれた身体的特徴（相好《そうごう》）と、五つの超人的な能力（五神通《ごじんずう》）を得ることができることです。

第四の五妙境界《ごみょうきょうがい》の楽《らく》とは、他のあらゆる仏国土《ぶっこくど》にまさる極楽の五妙《ごみょう》（五官の対象である色・声・香・味・触がこの上なくすぐれていること）に出会う楽しみのことです。

第五の快楽無退《けらくむたい》の楽《らく》とは、その快楽が永遠に続く楽しみのことで、地獄や餓鬼道などに二度と堕ちることはありません。

第六の引接結縁《いんじょうけちえん》の楽《らく》とは、多くの衆生（生きとし生けるもの）を極楽に連れていくことができる楽しみのことをいいます。

第七の聖衆倶会《しょうじゅくえ》の楽《らく》とは、普賢《ふげん》・文殊《もんじゅ》・弥勒《みろく》・地蔵《じぞう》・観音《かんのん》・勢至《せいし》といった菩薩やその他の聖衆《しょうじゅ》に会い、それらの菩薩の功徳にあずかることができる楽しみのことです。

第八の見仏聞法《けんぶつもんぽう》の楽《らく》とは、この娑婆世界では不可能な、仏に見《まみ》え仏の法を聞く楽しみのことです。

第九の随心供仏《ずいしんくぶつ》の楽《らく》とは、極楽の人々は昼夜いつでも、心に任せてあらゆる仏国土の仏を供養することができる楽しみのことをいいます。

最後の第十、増進仏道《ぞうしんぶつどう》の楽《らく》とは、娑婆世界では仏道に精進してもさまざまな障害があり、なかなか悟りや往生といった結果を得ることは難しいのですが、この極楽世界では仏の悲願の力により、また仏の光が行者の菩提心を増長させ、諸菩薩が善友となり助けてくれるが故に、さらに寿命が永遠であることもあって、かならず精進に応じた結果が得られるということです。

このように極楽のご利益が具体的に説明されていますが、極楽浄土の詳細は『往生要集』により、はじめて知られるところとなったのです。

⑯ 阿弥陀如来がかならず迎えにくる

念仏の功積《くつも》り、運心年《うんしんとし》深き者は、命終《みょうじゅう》の時に臨《のぞ》んで大いなる喜び自《おの》ずから生ず。しかる所以《ゆえん》は、弥陀如来《みだにょらい》、本願《ほんがん》を以《もっ》ての故《ゆえ》に、もろもろの菩薩《ぼさつ》、百千の比丘衆《びくしゅ》とともに、大光明《だいこうみょう》を放ち、皓然《こうねん》として目前に在《ま》します。

【現代語訳】 念仏の功徳《くどく》を積み、長年月、阿弥陀如来やその浄土に心を深く寄せてきた人は、臨終時に大いなる喜びが自然に湧いてくるものです。その理由は、阿弥陀如来がお誓いになった願い（本願《ほんがん》）により、もろもろの菩薩や無数の僧たちとともに、大光明を放ちながら、はっきりとそのお姿を目の前に現されるからです。

（『往生要集』大文第二　欣求浄土《ごんぐじょうど》）

この言葉は「極楽《ごくらく》の十楽《じゅうらく》」のうちの、第一の「聖衆来迎《しょうじゅらいごう》の楽《らく》」に関する源信の説明から選び、取り上げたものです。長い間浄土信仰をもち念仏してきた人は、臨終時になって目前の死におびえたり、往生を疑ったりはせず、逆に阿弥陀如来の救済を信じて大いに喜びを感じるものです。その理由は、阿弥陀如来の誓願により来迎が確約されているからです、と明言しています。おそらくそのときになって、多くの人が改めて安堵感をいだく言葉でしょう。

さて、阿弥陀如来の本願のうち第十八願についてはすでに触れました。『無量寿《むりょうじゅ》経《きょう》』にある一節で、真心をもって、教えを聞いて信じ喜び、極楽往生を願って十声念仏すれば往生は疑いない、というものでした。

それに続き、第十九願として誓われているのが臨終来迎です。世界中の人々が多くの功徳を修め、至心に願を起こして極楽に往生したいと望むなら、命終《みょうじゅう》の時に臨んで、阿弥陀如来が大勢の極楽の菩薩たちとともにその人の眼前に現れるでありましょう、という誓願です。第十八願と並んで広く信じられました。

この極楽からの来迎については『観無量寿経《かんむりょうじゅきょう》』に、より詳しく説明されています。

このお経は『無量寿経《むりょうじゅきょう》』『阿弥陀経《あみだきょう》』とともに、浄土の教えを説く重要なテキストの一つであり、これらを併せて浄土三部経《じょうどさんぶきょう》と総称しています。そして来迎のさまについては、『観無量寿経』の中に、以下のように出てきます。

「阿弥陀如来は観音菩薩《かんのんぼさつ》や勢至菩薩《せいしぼさつ》のほか、無数の化仏《けぶつ》や百千の比丘《びく》・法を聞く修行者、七宝《しっぽう》の宮殿などとともに眼前にやってきます。観音菩薩は金剛《こんごう》の台《うてな》を手に持ち、勢至菩薩とともにその人の前に進み、阿弥陀如来は大光明を放ちその人を照らし、手を差し出して迎えとります。そしてその人を極楽の聖衆《しょうじゅ》とともに讃嘆《さんたん》します。その人はこれを見終わって踊り上がるほどに喜び、ハッとわが身を見ると、金剛の台に乗り、仏の後に従って一瞬のうちに極楽に往生しているのです。」

『往生要集』は、この劇的な場面を踏まえて説明しています。

源信はこの来迎の始終を一種の宗教劇に仕立て、「来迎行者之講《らいごうぎょうじゃのこう》」を始めたとされています。後に迎講《むかえこう》とか来迎会《らいごうえ》などと呼ばれる法会です。そのようすの一部は、菩薩・聖衆が念仏行者の左右を囲み、伎楽《ぎがく》をもって供養し歌詠《かえい》をもって讃嘆したとされています。また、源信命終と同じころ、遠所にいたある弟子がみた夢では、「どこかに旅立とうとしている源信の左右にいく人かの僧が並び、姿形も衣装も美麗な四人の童子が僧たちと並び立っている、それはあたかも『横川《よかわ》の迎講《むかえこう》』を眼前に見ているようだった」と『源信僧都伝』にあります。

源信が創始したとの伝承をもつ迎講《むかえこう》は、各地の寺などで盛んに行われたようで、その一部は現在も行われています。たとえば奈良県の当麻寺《たいまでら》や東京の浄真寺《じょうしんじ》（九品仏《くほんぶつ》）は有名で、とくに当麻寺の場合は練供養《ねりくよう》の名で広く知られています。本堂と娑婆堂《しゃばどう》の間に作られた橋の上を、聖衆《しょうじゅ》の面を付け衣装をまとい二十五の菩薩・聖衆に扮した檀家有志が行道《ぎょうどう》します。観音菩薩は蓮台《れんだい》を捧げ、勢至菩薩は合掌し、普賢菩薩は天蓋《てんがい》を持って練り進みますが、この演劇的所作は「お練《ね》り」と呼ばれ、それが練供養と称される所以になっています。

聖衆来迎は絵にも多く描かれました。平等院鳳凰堂の扉絵の九品来迎絵《くほんらいごうえ》、禅林寺《ぜんりんじ》や金戒光明寺《こんかいこうみょうじ》の「山越阿弥陀図《やまこしあみだず》」、知恩院「阿弥陀二十五菩薩来迎図」などがあります。

このように、芸能や絵画にも大きな影響を与えたことは、大いに留意されるべきです。まさに源信の言葉の力といえましょう。

⑰ 万事をなげうち浄土を求めよう

一世《いっせい》の勤修《ごんしゅ》は、これ須臾《しゅゆ》の間《あいだ》なり。なんぞ衆事《しゅじ》を棄《す》てて浄土を求めざらんや。

【現代語訳】 一生の間仏道に励んだとしても、それはほんの少しの間（須《しゅ》臾《ゆ》）のことにすぎません。どうしてもろもろの雑事を捨てて、浄土を求めないのでしょうか。

（『往生要集』大文第二　欣求浄土《ごんぐじょうど》）

なにか事を成し遂げようとすれば、その事に専念しなければならず、それ以外の事に気を奪われ、そのために身や心を費やしてはいけません。これはよく聞くいましめの言葉で、仕事でも学問でもスポーツでも、成功するための共通の心構えです。同様のことは、兼好法師《けんこうほうし》も『徒然草《つれづれぐさ》』で、大事を思い立った人は、「この事を終えてから」とか「後顧《こうこ》の憂いのないように処理してから」などと思い迷っていてはいけない、そんなことはやり出したら切りがないのだから、と言っています。

しかし、事と志はなかなか一致しないのが一般です。だからせめて達成感でも、と思うのも当然です。その達成感の元になっているのは、大抵は大事ではなく日常の些細なことです。ただしそれは非難には当たらないでしょう。小さな幸せを求めるのは、人情というものだからです。

ところで兼好法師の大事とは、仏道修行に入ることのようです。それを思い立ったからには余計なことは考えずに、というわけです。これは源信の言葉と共通しています。それを兼好は大事といい、源信は欣求浄土《ごんぐじょうど》といって、ゆめゆめ怠ってはなりません、と強くいましめているのです。いつの時代にも通用する真理ですから、たいへんわかりやすいのですが、源信は多くは『無量寿経《むりょうじゅきょう》』によっていると述べています。たしかに『無量寿経』は、極楽浄土に往生すれば、輪廻《りんね》を断ち、ふたたび悪趣《あくしゅ》に堕ちることはないのに、どうして世事を棄て、勤行《ごんぎょう》して、道の徳を求めないのか、と細々とその世俗にまみれた生活のさまを例示しています。

たとえば、尊卑貧富の区別なく、だれもがお金や財産の有無を憂えることをあげます。田あれば田を憂い、宅《たく》あれば宅を憂い、家畜・奴婢・衣食などもあればあったで心配の種になります。心配し、溜息を重ね、憂え恐れ、こういう心配にとらわれ続けて心身ともに疲れ、起居ともに安からずとあります。

また『無量寿経』には人間関係の難しさもあげられています。

「父子、兄弟、夫婦、親族たちはたがいに敬愛して、憎悪し合うことなく有無相通《うむあいつう》じ、言葉や態度を常に和らげ、相手の意思に逆らわずにいるべきだが、人は争い、憎悪します。これはこの世ではともかく、来世では大いなる怨みに至るものです。また人はたがいに毒を含み蓄え、憤りを心に結び、心に刻みつけ、来世で同じ世界に生まれるとたがいに報復し合うのです。だからどうして、この世で健全なうちに、雑事をなげうち、善を努め精進しないのか。この世に待つべきほどの何の楽しみがあるというのでしょうか。」

『無量寿経』のこのような叙述を踏まえて、源信は取り上げた言葉を発しているのです。細かな説明はお経に譲っていますが、その心はかならず具体的な説法の対象を意識していたはずです。源信の著作には、法然や親鸞のように、信者との手紙のやりとりや口頭による問答はあまり残されていませんが、源信の周辺にはかれの教えに基づき、念仏による極楽への往生を求める人々が大勢いました。そのような実践例として、横川には「二十五三昧会《にじゅうござんまいえ》」と呼ばれる僧侶のみの念仏集団や、釈迦に対する尊崇を示すために日々の釈迦への供養作法を定め、輪番制で供養を行った僧俗男女がいて、源信もそれに深くかかわっていましたから、氏素性も定かでない多数の人々を相手に、源信は考えを練り、教義書を著し、時に説法もしたのでした。

往生を願うなら世俗の雑事を捨てなさいというのは、こうした生の人間と身近に接し、かれらを救いの対象として強く意識するなかで、発せられているのです。

⑱ 極楽に多くの人を迎えよう

われだにもまづ《(ず)》極楽にむ《(生)》まれなば
知るもしらぬもみな迎へ《(え)》てん

【現代語訳】 わたしだけでも、ともかくも極楽に往生したなら、知っている人も知らない人もすべて、きっと極楽に迎えとろう。

(『新《しん》古《こ》今《きん》和《わ》歌《か》集《しゅう》』)

広く仏教に関する和歌を釈教歌《しゃっきょうか》といいますが、源信のこの和歌も『新古今和歌集』巻第二十の釈教歌の部に収められています。歌の意はわかりやすいでしょう。まずは自分が極楽に往生し、極楽の人々の一人として備わった力により、自分だけではなく、多くの人を極楽に救いとろうという意です。宗教者としての使命感がよくうかがえる歌です。

このことは『往生要集』の「大文第二　欣求浄土《ごんぐじょうど》」にも、次のように述べられています。

「極楽浄土の人々は縁《えん》に従ってすぐれた教えを垂れ、もろもろの衆生（生きとし生けるもの）を救います。そしてもろもろの衆生に、わたしたちが、今、極楽を志願するように、その国を欣求《ごんぐ》させます。また十方《じっぽう》世界に行って衆生を救済することは、阿弥陀仏の大悲《だいひ》の本願と同様です」と。

源信のこの和歌は、まさに『往生要集』の理論に基づくものであり、その大乗菩薩道《だいじょうぼさつどう》精神を、わずか三十一文字の和歌に託したものですが、散文を韻文で簡潔に言いかえることにより、より強く印象づける効果が発揮されていると思います。

⑲ 仏の眉間にある旋毛を見ること

我、今はじめて彼《か》の仏《ほとけ》の白毫《びゃくごう》を観《み》る。もし説のごとく勤修《ごんしゅ》せば、さだめて彼の利益《りやく》を得ん。

【現代語訳】 わたしは、今はじめて阿弥陀如来の白毫を見ました。もし経説のとおりに勤め修するならば、きっとそのご利益を得るでしょう。

（「阿弥陀仏白毫観《あみだぶつびゃくごうかん》」）

この言葉のキーワードは白毫《びゃくごう》、あるいはそれを観想《かんそう》する白毫観《びゃくごうかん》です。

白毫は仏の眉間にある白い旋毛で、これがうず高く巻き上がったものです。仏像の眉間を見ると、よく水晶などが用いられ、白く目立っているのを見ることができます。阿弥陀如来にもこの白毫があり、右回りに巻いて須弥山《しゅみせん》のように高く、無数の光がもろもろの宝の色に輝き、まるで日月《じつげつ》が千も億も集まったようで、その無数の光の一つひとつに一切の仏がその身を現し、無数の菩薩が集まって仏を囲んでいるとされます。白毫の光明はあまねく十方の世界を照らし、念仏を称える人々を救いとり捨てることはありません。念仏の行者はその光明の中に救いとられるのです。煩悩にさえぎられた目にはたしかに見ることはできなくても、阿弥陀如来の慈悲の心により、常にわたしたちの身を照らしたまうのです。

この白毫を観想すると莫大なご利益が得られると、源信は説明しています。もし心中に疑いの気持ちが微塵もなく、歓喜して信じるならば、その人は八十億劫《おくこう》の過去に犯した罪を消すことができ、もし一瞬でも白毫の相を念じるならば、「九十六億那由《なゆ》多恒河沙微塵数劫《たごうがしゃみじんすうこう》」の生死《しょうじ》の罪を除きます。那由多《なゆた》は一千億、恒河沙《ごうがしゃ》はガンジス河の砂の数、微塵数劫《みじんすうこう》は塵の数ほどの多数劫で、いずれも数えきれないほどの天文学的な数を意味します。こうして無量の罪の滅却ばかりでなく、救いとって捨てることのない光明に救いとられ極楽に往生できるのが、白毫観《びゃくごうかん》のご利益なのです。

それでは、極楽往生の実践方法として、源信が白毫観を選んだ理由はなんでしょう。

その理由として第一に考えられるのは、念仏行の初心者にとって容易な方法だからでしょう。源信は『往生要集』において、極楽往生の方法の一つとして観想を提唱しています。そこでは初心の人のために、阿弥陀如来の相好《そうごう》の功徳を説いていますが、阿弥陀如来の相好の各部をくまなく、あるいは総括的に観察する能力のない人のために、ただ一点、白毫に想念を集中するよう勧めているのです。源信を慕って集まった人々の中には、世俗の人が少なくありませんでした。仏教の専門的な知識も念仏の修行も経験のないかれらでもできる往生の行《ぎょう》、それが白毫観だったのです。

白毫を観想する二つ目の理由は、自分一身のためばかりではなく、他人をも救おうとの意思を実現するためです。源信は、本項で取り上げた言葉に以下の文言を続けます。

「どうしてわたし一人だけのためにご利益を求めましょうか。わたしと人々は別の存在ではありません。本源は同じです。もしわたしが罪を滅すなら、人々もまた罪を滅し、わたしがもしご利益を得るなら、同様に人々にもご利益を得させたいのです。つまるところ、菩提（悟りの智恵）はわが身一つのためばかりではないのです。」

これはいわゆる大乗《だいじょう》菩薩道《ぼさつどう》の実践です。自分のためだけではなく、他をも救済の対象にする、いわゆる自利利他《じりりた》の精神です。最初に自利を言い、その後に利他と続けているのです。しかも源信のみならず、行者の一人ひとりが自利とともに利他も願い、それが実現するなら、菩提や極楽往生の利益を得る人は世界に充満するでしょう。

ところで「阿弥陀仏白毫観」を著したのは天元四年（九八二）、源信四十歳のときでした。四百字詰め原稿用紙にしてわずか三枚ほどに過ぎませんが、これを起点にして、源信は独自の浄土信仰論を追求し展開して、天台教学の立場からその念仏論を総合的に体系化します。それがこれより四年後の寛和元年（九八五）に成立する『往生要集』三巻です。その中において、白毫観は極楽に往生する方法の一つとして位置づけられることになります。

⑳ 凡夫も仏になろうと願うことが大切

問《と》う。煩悩《ぼんのう》・菩提《ぼだい》、もし一体ならば、ただ応《まさ》に意《こころ》に任《まか》せて惑業《わくごう》を起こすべきや。答《こた》う。かくのごとき解《げ》を生《な》す。これを名づけて悪取空《あくしゅくう》の者となす。専《もっぱ》ら仏弟子《ぶつでし》にあらず。

【現代語訳】 問う。煩悩も菩提も、もし一体であるならば、ただ意に任せ、煩悩に基づく行為（惑業《わくごう》）を起こしてもよいのでしょうか。答える。そのような解釈をなすのを、空《くう》の道理を誤解した悪取空《あくしゅくう》の者といいます。まったくもって仏弟子とすることはできません。

（『往生要集』大文第四　正修念仏《しょうじゅねんぶつ》）

「生死即涅槃《しょうじそくねはん》、煩悩即菩提《ぼんのうそくぼだい》」という言葉があります。

生死《しょうじ》は、生まれることと死ぬこと、またはそれを繰り返すこと（輪廻《りんね》）も意味し、いわば迷いの世界やその状態のことです。一方の涅槃《ねはん》は、貪欲や怒りや無知といった人間の煩悩が消滅した状態を意味しますから、こちらは悟りと同義となります。ですから生死すなわち涅槃とは、迷いと悟りとが同じということになり、ハテ……？　と首をひねるような不可思議な話であります。

一方、「煩悩即菩提《ぼんのうそくぼだい》」の菩提は仏の悟りの智《ち》やそのはたらき、煩悩を断じて得た涅槃、悟りの境地をいいますから、煩悩とは対極に位置します。それなのに煩悩も菩提も同じだというのは、何とも解せない理窟です。一体、どういうことなのでしょうか。

そこで、煩悩も菩提も同じならば、心に任せて煩悩に基づく行為（惑業《わくごう》）をしてもかまわないのか、と意地悪な質問をしたくもなります。しかしそのようなことが許されるはずはありません。源信はこれに対して、このような考えは「空の道理を誤解している」と言います。何ものにも固定的実体はないというのが空の思想ですから、煩悩によって迷いの世界があり、菩提によって涅槃の結果があると固定的に考えるのは誤りですが、「煩悩即菩提」だからといって「意《こころ》に任《まか》せて惑業《わくごう》を起こ」してもよいなどというのは、到底許しがたく、仏弟子とすることはできません、と強い口調で否定しています。そして次のように続けます。

「もしあなたが、煩悩も菩提も同じだからといって好んで悪業をなすならば、生死すなわち涅槃ですから、喜んで生死の耐えがたい苦も受けなければならないことになるでしょう。どうして一瞬の苦は耐えがたいといいながら、永遠に繰り返される苦の原因をなそうとするのですか。これはおかしなことですね。

このように考えてみてください。煩悩と菩提が一体といっても、時とはたらきが異なれば、汚染と清浄の違いとなって現れます。人は仏性《ぶっしょう》といって、仏としての本性あるいは仏となる因子・可能性を有しているとされます。そして正しく仏道を修すならば、この本来的に有している仏性は顕現します。しかしそうでなければ決して仏性は現れず、菩提も涅槃も得られないのです。同様なことは、たとえば水と氷、また種と果実の関係についていてもいえます。その本体は同一でも、時によってその作用を異にするのです。条件が変われば水は氷となり、種は花を咲かせ実を結ばせるのです。決して両者をまったく別の対立物としてはいけないのです。」

このように仏の智《ち》をもってみれば、煩悩も菩提も一体ということになるのです。ところで、本来的に有していて今は隠れている仏性を顕現させるためには、菩提心《ぼだいしん》をもつことが大切です、と源信は続けます。菩提心とは仏になろうと願うことですが、それは自分一身の悟りのみならず、仏になって広く衆生を救う心をもつこととされます。これを「上求菩提《じょうぐぼだい》・下化衆生《げけしゅじょう》」といいます。上《かみ》は菩提を求め、下《しも》は衆生を化《すく》うということです。自分の利益（自利《じり》）ばかりでなく、他への利益（利他《りた》）を併せ願うこと、この自利と利他が菩提心の肝要で、大乗菩薩道《だいじょうぼさつどう》の真髄とされます。

これはなかなか難しそうです。果たしてわれらがごとき凡夫《ぼんぷ》に、そんな高尚なことが可能だろうか、と不安に駆られます。これに対して源信は、それでも悲願を発すべきです、そう決意することこそが大切です、と言っています。

低次元の質問から発して、数段高いステージに引き上げられた感がします。

㉑ 往生への集中心をいかに高めるか

仏の相好《ほとけ そうごう》にあらざるより、余《よ》の色を見ることなかれ。仏の法音《ほうおん》にあらざるより、余の声を聞くことなかれ。仏の正教《しょうぎょう》にあらざるより、余の事を説くことなかれ。往生の事にあらざるより、余の事を思うことなかれ。

【現代語訳】 仏の姿形《すがたかたち》以外のものを見てはいけません。仏の説法の声以外の声を聞いてはいけません。仏の正しい教え以外のことを説いてはなりません。往生のこと以外のことを思ってはなりません。

（『往生要集』大文第六　別時念仏《べつじねんぶつ》）

人は臨終をどのように迎えたらよいでしょうか。源信は、いわば臨終の作法ともいうべき問題について、二つの点から考えました。

一つは物理的な環境を整えることです。たとえば古代インドのコーサラ国の祇園《ぎおん》精舎《しょうじゃ》には、無常院《むじょういん》と呼ぶ堂があり、重篤の病人をここに収容したといいます。無常院では、病人がこの世に執着をもち続けないように、執着してしまうような日常生活のいろいろなものを遠ざけました。そして金色《こんじき》の仏の立像を西向きに安置し、その左手には五色《ごしき》の細長い布を垂らします。病人をその背後に寝かせ、左手にその布の端を握らせ、仏に導かれて浄土に赴く思いをいだかせた、と伝えられています。また介護の人は、香を焚き、花を散らして浄土への旅立ちを演出しました。

こうした準備のほかに、周りの人は病人が往生への集中心を高められるよう、その心構えを説き勧めました。それがもう一つの大事な点です。極楽往生を目指して数々の行を修してきて、最後に往生を期して「臨終の十念《じゅうねん》」をします。一心に十声《じっせい》、「南《な》無阿弥陀仏《むあみだぶつ》」と称念することが十念で、正念《しょうねん》（正しい思い）に住して動揺することなく、というのが理想です。しかし、この期《ご》に及んでなお迷い惑うかもしれません。心を一点に定めきるのはそう容易ではないでしょう。「ここが正念場」とはこのことです。

そこで最後の言い聞かせが必要になります。そのために必須の心構えとして勧められているのが、取り上げた一節、ならびにそれに続く次の文章です。

「目を閉じて気持ちを集中させ、合掌《がっしょう》して、ひたすら御仏《みほとけ》（阿弥陀如来）のことだけを想像しなさい。仏のすぐれた姿形、そのお声、正しい御《み》教え、そして極楽往生のことだけを想い、それ以外のことを、一切、意識しないように。そして命終《みょうじゅう》の後は、宝蓮華《ほうれんげ》の台《うてな》に坐し、阿弥陀如来に従い、極楽の聖衆《しょうじゅ》（菩薩たち）に囲まれて、十万億の国土を過ぎて極楽浄土に向かいますが、その間も他の世界のことを想ってはなりません。極楽世界の七宝の池の中に至ったとき、はじめて目をあげて合掌し弥陀《みだ》のお姿を仰ぎ見、その教えを説く御声《みこえ》を聞くことができ、諸仏の功徳の香りをかぎ、法悦を味わうことができるのです。それから無数の聖衆の足下にひれ伏し頭を地につけて礼し、さらに普賢菩薩《ふげんぼさつ》の十の願《がん》と修行について理解することができるでしょう。」

平安時代の歴史物語『栄花物語《えいがものがたり》』にこの一節と類似の文章があり、『往生要集』によるものと考えられています。それは藤原道長《ふじわらのみちなが》（九六六―一〇二七）の臨終の場面で、この世への執着をすっかり断ち切ったかのように、ひたすら臨終念仏を続ける道長のようすを、「仏の相好《そうごう》にあらずより外《ほか》の色《いろ》を見んとおぼしめさず、仏法の声にあらずより外《ほか》の余の声を聞かんとおぼしめさず、……御心《みこころ》には弥陀如来《みだにょらい》の御手《みて》の糸をひかえさせ給いて、北枕《きたまくら》に西向きに臥《ふ》させせ給《たま》えり」と述べられています。言うまでもなく、道長はこの時代の最高権力者でありました。その臨終の行儀が『往生要集』の作法をモデルにしていたとされるのです。

道長は、生前から源信と『往生要集』に関心をもっていました。寛弘元年（一〇〇四）六月、かれはなにやら悩むことがあったらしく、使者を源信のもとに遣わしていますし、また所蔵していた『往生要集』を新たに書写しようと、三蹟《さんせき》の一人として知られる能書家藤原行成《ふじわらのゆきなり》に命じてもいます。そして「浄土とはこういう所なのでしょう」と謳われた法成寺《ほうじょうじ》を造営し、その阿弥陀堂で旅立ったのでした。絶えざる政争や権謀術数に明け暮れた権力者も、最後はたった一人であの世に向わなければなりません。その道しるべとなったのがこの言葉でした。

㉒ 最後に一心に念ずべきこと

臨終《りんじゅう》の一念《いちねん》は百年の業《ごう》に勝《まさ》る。

【現代語訳】 臨終に際しての一声《いっせい》の念仏は、百年の修行よりもすぐれています。

(『往生要集』大文第六 別時念仏《べつじねんぶつ》)

百年の業《ごう》という長期間の修行が、最期の一念（一声《いっせい》の念仏）に及ばないとはどういうことでしょう。まじめな念仏の信者なら、常日ごろから往生のための行《ぎょう》を積み重ねることでしょうから、不可解な言葉です。事実、称えた念仏の回数を丹念に数え、日に一万遍とか二万遍と記録したり、一生の間に行った善行を、念誦《ねんじゅ》・読経《どきょう》、経典の書写、堂舎《どうしゃ》の建立などと列挙している例はいくらもあります。それどころか、他ならぬ源信自身も長和二年（一〇一三）正月一日、七十二歳のときに、おそらく仏前に啓《けい》白《びゃく》した願文《がんもん》に、生前に修した善行として、「念仏二十九倶胝遍《くていへん》」（倶胝は数の単位、十の十乗とも）、「読み奉る大乗経《だいじょうきょう》五万五千五百巻」、「念じ奉る呪文百万遍」、などと記したとその伝記に見えますから、ますます不可解です。そのわけを知るためには、『往生要集』にさらに詳しく当たってみる必要があるでしょう。

継続は力なりといいますが、怠ることなく、不断に、勇んで邁進することは、何によらず大切なことですから、理想的にはそうすべきでしょうが、実際にはなかなかそうはいきません。そこで一日・七日・十日・九十日などと、一定の日を限って行を修することが勧められます。それぞれに功徳が期待されることはもちろんですが、源信はこれらの他に「臨終の行儀《りんじゅうぎょうぎ》」の項目を設け、人生の最後にとくに留意すべき大事を力説しています。

源信は、念仏の行者が臨終時に一心に聴き、一心に念ずべき十のことがあるとして、詳細に説明しています。『往生要集』の中でも、源信自身の言葉が際立って多く、臨終念仏を重視していたことがうかがわれる部分です。その一心に念ずべき言葉の二、三を例示しましょう。最後にかならず「南無阿弥陀仏《なむあみだぶつ》」と称えるところが注目されます。

・「願《ねが》わくは、阿弥陀仏よ、決定《けつじょう》してわれを救いたまえ。南無阿弥陀仏」。決定は「かならず、きっと」といった意味です。

・「願《ねが》わくは、阿弥陀仏よ、今日決定《けつじょう》してわれを引接《いんじょう》し、極楽に往生せしめたまえ。南無阿弥陀仏」。引接《いんじょう》は仏が衆生を導き救いとることです。

・「願《ねが》わくは、我、一切衆生を利楽《りらく》せんがために、今日決定《けつじょう》して極楽に往生せん。南無阿弥陀仏」。利楽は衆生を利益し安楽を与えることです。

これらはいずれも、極楽往生を欣求《ごんぐ》し利他《りた》の実践を目的とするものですが、この他も基本的に同趣旨です。そして最後の十番目が本項で取り上げた言葉です。今わの際《きわ》の行者に、周りの者が「こう思いなさい」と勧める言葉です。「あなたはご存知かどうか、ただ今が最期の時です。臨終の一念は百年の行に勝ります。もしこの瞬間を過ぎれば、次に生まれるところが定まるでしょう。まさしく今がその時です。まさに一心に念仏して、きっと西方極楽浄土の八功徳《はちくどく》の池の中の、七宝《しっぽう》の蓮台《れんだい》の上に往生するでしょう。そこでまさにこのように念じてください。『如来の本誓《ほんぜい》にはほんの少しも誤りはありません。願わくは、仏、決定《けつじょう》して我を引接《いんじょう》したまえ。南無阿弥陀仏』」と。

これは病臥して臨終を迎えようとしている行者に対する勧めです。ですから特別の配慮も施されています。病人のようすをよくみて、その状況に応じて対応し、いよいよと思われたなら、「願わくは、仏、かならず引接《いんじょう》したまえ」をもって、最後の念《おもい》となし、言葉多くならないようにしなさい、と留意を促しています。

このように、人生最後の瞬間の一念を特別に重視しています。しかし源信は決して通常時の諸行を軽視しているのではありません。それはこれまでに言及してきたとおりであり、忘れてはならない大切な点です。

23 「南無阿弥陀仏」と称えるだけで十分

往生《おうじょう》の業《ごう》は称名《しょうみょう》にて足《た》るべし。

【現代語訳】　極楽往生を遂げるための行は称名念仏のみで十分です。

（『楞厳院《りょうごんいん》二十《にじゅう》五三昧結衆過去帳《ござんまいけっしゅうかこちょう》』源信伝《げんしんでん》）

かつてある弟子が、源信に尋ねました。「和尚、あなたはどのような行法《ぎょうほう》を第一としていますか」。源信は答えます。「念仏をもって第一としています」。するとその人は、さらにたたみかけるように問いました。「それでは念仏をするとき、阿弥陀如来の法身《ほっしん》を観じますか」。法身とは真理（法）そのものとしての如来の意で、色も形もありませんから、肉眼で見えるものではありません。これに対して、源信は「ただ阿弥陀如来の名号を称えるだけです」と答え、さらに「往生の業《ごう》は称名《しょうみょう》にて足るべし」と、より断定的に取り上げた言葉で答えたのでした。業《ごう》は行為といった意味です。

弟子は「念仏」の意味を、仏を心に観想《かんそう》することとして質問しているようです。だから法身などという難しいことを持ち出したのです。しかし源信は、阿弥陀如来の名号を称えるのみ、と答えています。つまり口に「南無阿弥陀仏《なむあみだぶつ》」と称えるだけ、これで十分だというのです。『往生要集』では、阿弥陀如来を観想する方法や心構えを詳細に論じていますが、実際の行法では実に簡単明瞭であったことがわかります。学問的著述と現実の実践との相違でしょう。また、むやみに難しいことを聞きたがる弟子というのも時代を越えてよくあることで、こちらもなかなか興味深く感じます。

24 仏の悲願に頼る

もし仏智《ぶっち》を疑うといえども、しかもなおかの土《ど》を願い、かの業《ごう》を修する者は、また往生することを得《う》。

（『往生要集』大文第十　問答料簡《もんどうりょうけん》）

【現代語訳】 もし仏の悟りの智恵を信じることができなくても、なお極楽浄土に往生することを願い、そのための行《ぎょう》を修する者は、往生することができます。

この言葉は次の問答の中で発せられた一言です。

問。もし深く信じることがなく、疑念を生じる者は、ついに往生することはないのでしょうか。

答。もしまったく信じないで、極楽往生の行を修しなければ、理屈の上では往生することはないでしょう。しかし、もし仏の悟りの智恵を信じることができなくても、なお極楽浄土に往生することを願い、そのための行を修する者は、往生することができます。

これはたいへんに大胆な発言です。仏智《ぶっち》に疑念をいだき信じることができなくても、極楽に往生したいと願い、そのための行を修すれば、そのような人でも往生することができるというのですから、非常に寛大な心というべきでしょう。

仏智とは仏の悟りの智恵のことです。とても深遠で心では思いはかることができません。それでこれを「不可思議智《ふかしぎち》」ともいいます。また言葉で表現することもできませんから、これを「不可称智《ふかしょうち》」ともいいます。あるいはすべてを救いとり、すべてを知り尽くした智恵であることから「大乗広智《だいじょうこうち》」とも、ほかに比べるものがないほどにすぐれていることから「無等無倫最上勝智《むとうむりんさいじょうしょうち》」ともいい、合わせて五智《ごち》と呼ばれます。

わたしたちが、過去や現在や未来における悪しき行い（業）によって六道《ろくどう》を輪廻《りんね》することも、その無限の循環を断ち切って解脱すべきことも、そのための方法も、解脱して生まれ変わる仏の世界の一つに極楽浄土があることも、すべて仏智の賜物というべきでしょう。これほどの仏智を信じない不心得者など、この世にいるはずはありません。しかし広い世の中、一人や二人はいるかもしれません。いや、もしかしてもっと多く、ひょっとして大多数の人がそうかもわかりません。凡夫などというものは、所詮、そのような存在かもしれないのです。人の心ほど移ろいやすく、疑い深く、とらえ所のないものはないのですから。

しかし仏智を信じることができなくても、極楽往生を願う心さえ失わず、そのための行を続けてさえいれば、きっと阿弥陀如来のおわす極楽浄土に生まれ変わることができるのです、と源信は断言しています。なぜでしょう。

理由の一つは、その根拠があの『無量寿経《むりょうじゅきょう》』にあるからです。ただしこのお経によれば、たしかに極楽浄土に往生はしますが、その寿命が永遠ではなくわずかに五百歳で、阿弥陀如来にまみえることはできず、その教えにも親しく接することはありません。それで極楽浄土では、このような往生者を「胎生《たいしょう》」といっています。胎生とは、ここでは極楽のはずれに生まれる者のことで、先に説明した四生《ししょう》の一つの胎生（15〜16頁参照）ではありません。

しかし源信は、胎生は極楽の端に生まれる者とされるけれども、『清浄覚経《しょうじょうかくきょう》』というお経には、極楽に往生できる人々を行いの浅深により上・中・下の三種（三輩《さんぱい》）に分け、そのうちの中輩・下輩の人を胎生としているとし、また自身も、極楽の上中下三品《さんぼん》のうち上品《じょうぼん》や中品《ちゅうぼん》ではなく、下品《げぼん》を分相応の浄土と考えていたようです。

そしてさらに源信はこうも言っています。「仏の智恵を疑う罪は、たしかに悪道に堕ちる罪に相当します。それなのに願いのままに往生するのは、仏の悲願の力によるからなのです。悲願というのは、仏や菩薩の大慈悲心《だいじひしん》に基づく誓願《せいがん》のことです」と。

こうした言葉からすれば、まずは極楽に往生することが大切、というのが源信の主張のようで、さらに衆生の信・不信よりも、仏の悲願の力をこそ第一に頼るべきものと考えていることがわかります。

㉕ 最後に邪念を起こせば地獄に堕ちる

沙礫《されき》は小なりといえども、なお浮かぶことあたわず。盤石《ばんじゃく》は大なりといえども、船に寄せればよく浮かぶ。

【現代語訳】 砂や小石は小さくても、水に浮かぶことはできません。巨岩は大きくても、船に載せればよく浮かびます。

（『往生要集』大文第十 問答料簡《もんどうりょうけん》）

この言葉は、臨終のときの念仏はどのようにあるべきかという問題に関する、いくつかの問答の中の一つです。

たとえば、「修行のレベルがきわめて低く、九ランクのうちの最下位の下下《げのげ》の人でも、臨終の際に十念すればすなわち往生できるというが、言うところの十念とは、どのように念ずることなのか」という問いに対して、「もし阿弥陀仏を心に憶念《おくねん》して、仏の全体を総括的に観想する際でも、仏の相好《そうごう》を個別に観想する場合でも、十念する間、ほかの一切の観念が混ざり合わないのを十念という」という回答があります。この場合の念は心中に観念することを意味します。

また、「経典の説くところでは、一念にはたいへんに広く深い内容がある、それなのにどうして、わずかに十声《じっせい》の念仏をもって往生することができるといえるのか」といった疑問に対しては、「専心《せんしん》に仏の名を称するときは、おのずと十念を満足させることになるのです。かならずしも一々に慈悲の心などを備えなければならない、というものではありません。またその慈悲の心などを一つひとつ数え上げて十とするのでもありません」と答えている例があります。この場合は口に称える念仏です。

「十念する間、ほかの一切の観念が混ざり合わない」とか、「専心に仏の名を称す」とかいうのは、いずれの場合も、その根底に一意専心が大切であるとの主張です。

さてそこで本項の冒頭の言葉ですが、これは、

生まれてよりこのかた、もろもろの悪をなして一善《いちぜん》も修しなかった者が、命《みょう》終《じゅう》の時に臨んで、わずかに十声念ずるのみで、どうして罪を滅することができ、永遠に迷いの世界の三界《さんがい》を出て、ただちに浄土に生まれることがあろうか。

という質問に対する回答の一部です。

臨終時の念仏の大切さは随所に語られますが、これが最後という正念場で、もし邪念を起こしてしまえば、生涯に積み重ねた善行も水の泡、その途端に浄土に生まれるはずが地獄に堕ちてしまいます。だからこそ阿弥陀如来に救済を願う十声の念仏を、ただ心を専《もっぱ》らにして行うことこそが最重要の一事になるわけです。そのうえで、「沙《さ》礫《れき》は小なりといえども、なお浮かぶことあたわず。盤石《ばんじゃく》は大なりといえども、船に寄せればよく浮かぶ」と説かれることになるのです。

この話では、砂礫《されき》や大石は迷える衆生に、船は阿弥陀如来の救いになぞらえられて

います。どんなに小さな悪でも、なせば地獄に堕ちる原因になります。逆に大悪を犯してても専心に仏名を称えれば、地獄に堕ちなくてすみます。念仏こそ浄土に運んでくれる船、阿弥陀如来の救いにあずかるたしかな信仰行為なのです。

ところでこの言葉は、源信みずからの言葉として語られていますが、『往生要集』の同じ項目の中で、あるお経から似たような話を紹介しています。ある王が、「百年も悪を作り続けた者が、臨終時に念仏すれば、死後、天に生まれるというが、わしは信じない」というのに対し、那先《なせん》という僧が、小石と大石のたとえを示して念仏の功徳を説く場面です。源信がこれを下敷きにして述べているのは明らかです。巧みな比喩ですのでよほど印象深かったのでしょう。

さて、すでにお気づきかと思いますが、実はこの話、有名な『ミリンダ王の問い』という仏典にある話で、アフガニスタンとインドの北部を治めていたギリシアの帝王メナンドロス（ミリンダ王）と仏教僧ナーガセーナ（那先《なせん》）との対論の一部なのです。こうしてみると、源信の説法も、広くアジア全体の宗教世界に立脚していたことが実感されて、いっそう興味深く思われます。

㉖ 悪い死にざまをのがれるために

十五の悪死《あくし》、すでに免《まぬが》れおわんぬ。これ久しく祈るところなり。

【現代語訳】 十五種類の悪死は、もう免れることができました。このことは、以前からずっと祈ってきたところです。

（『楞厳院二十五三昧結衆過去帳』源信伝）

十五の悪死《あくし》とは、餓死・溺死・焼死・毒死・狂死など十五種の悪しき死にざまのことです。できれば御免蒙りたいものですが、「広大円満無礙大悲心陀羅尼《こうだいえんまんむげだいひしんだらに》」という呪文の功徳で免れることができるようです。源信はこれを常日ごろから称えていて、どうやらその甲斐があったようだと弟子に語ったのです。

この言葉は臨終の十数日前のものですが、さらに死の前日にも「わたしは十五の悪死を免れているか」と弟子に聞き、「大丈夫のようにお見受けします」との返事に安堵しています。念仏往生に絶対の自信をもっていたはずの源信にしては、やや往生際の悪い印象も受けますが、どうしたことでしょう。

それは臨終正念《りんじゅうしょうねん》が気がかりだったからです。命のまさに終わろうとするときに、心を正して妄念にとらわれず、極楽往生を念じ続けること、これが臨終正念です。まさになるかならぬかの正念場というときです。そのときに悪死の相が現れたのでは、長年の苦労も水の泡です。だから源信はこだわったのです。出典は、源信もその一員として指導的な役割を果たした念仏結社の過去帳ですから素性は確かです。こうして源信は、弥陀の手に結んだ糸の末を取り、極楽へと導かれていったのです。

27 よい指導者に会って往生する

我《われ》、善財童子善知識《ぜんざいどうじぜんちしき》の文《もん》を披《ひら》き、善知識の大いなる因縁たるを知れり。今、たちまちに冥路《めいろ》に赴《おもむ》き、伴《とも》なく独《ひと》り行くを憐《あわ》れむが故《ゆえ》に、かれをして大善知識に値《あ》わしめんと欲《ほっ》す。

【現代語訳】　わたしは、善財童子《ぜんざいどうじ》が善知識《ぜんちしき》（よい指導者）に導かれるという経《きょう》文《もん》を開き、善知識こそが修行の大きな因縁であると知りました。今、かれ（良範《りょうはん》）がにわかに冥途《めいど》に赴くことになり、連れもなくただ独りで冥途をさ迷うであろうことを哀れに思い、大善知識に会わせてあげようとしたのです。

（『楞厳院二十五三昧結衆過去帳』良範伝《りょうはんでん》）

晩年の源信の身近に、比叡山横川《よかわ》に住した良範《りょうはん》という一人の青年僧がいました。長保三年（一〇〇一）五月十四日、その良範はわずか二十歳の短い生涯を終えます。

当時、横川には「二十五三昧会《にじゅうござんまいえ》」という念仏僧の集団がありました。二十五人の僧が毎月十五日に念仏三昧を修し、それにより極楽往生を期した集まりで、『往生要集』の影響を受けて寛和元年（九八五）五月に結成されました。かれらは亡くなると、過去帳にその名が留められましたが、とくに行いが顕著で極楽往生が推察される者については、その内容や簡単な伝記も記録されました。

良範は正規のメンバー二十五人の内には数えられていませんでした。しかしかれらやそれに結縁した人々に劣らぬ信心を有していたようです。だからかれは過去帳に記載され、さらに懇切で印象的な伝まで付されたのでしょう。

その信心と臨終に至るプロセスには、息子を心配する両親や、病気の平癒を祈る周りの人、それを謝絶して念仏に専念する良範など、興味深い光景が描かれているのですが、もっとも注目すべきは、やがて亡くなって冥途に赴いた良範のために、源信が布施《ふせ》を喜捨《きしゃ》する諷誦《ふじゅ》を修し、供養の趣旨を述べた願文を書き、さらに後日その本意を明かしていることです。それが本項で取り上げた言葉なのです。

念仏往生の結社である「二十五三昧会」に心を寄せながら、そのメンバーの一員に加えられることもなく若くして冥途に旅立った良範は、おそらく伴う者もなく、死後の行き先が未定の世界を独りさ迷うに違いない。『華厳経《けごんきょう》』というお経の中で、善財《ぜんざい》童子《どうじ》が最後に普賢菩薩《ふげんぼさつ》に出会い救いの道を指し示されたように、かれにも善知識の導きにあわせてあげたい、という源信の思いやりです。善知識とは仏教信仰上のよい導き手、といった意味です。

源信のあたたかい心づかいは仏意にかなったようです。あの世の良範は往生を遂げ、後日、ある人の夢に現れて、「善知識に会い、道に迷うことなく、往生できました。今は適意菩薩《てきいぼさつ》と称しています」と告げたそうです。このとき六十歳の源信は二十歳の青年の信仰に心打たれ、その往生を求道《ぐどう》遍歴の末に得道《とくどう》した善財童子に重ね合わせたのです。

この話によれば、極楽浄土へのいざないは、阿弥陀如来への信心のみに限られなかったようです。たしかに源信の経歴を回顧してみると、かれが弥勒菩薩の熱心な信者であった事実はよく知られています。そして普賢菩薩に対する信仰も篤く、普賢講《ふげんこう》という法会も主宰しています。

普賢菩薩は、通常、文殊《もんじゅ》菩薩と並び釈迦如来の脇侍《きょうじ》として配置されることが多く、また六牙《ろくが》の白象に騎乗する姿もよく目にするところです。『華厳経』の最後に「入法《にゅうほっ》界品《かいぼん》」という長文の章がありますが、それは文殊菩薩の導きにより求道遍歴の旅に出た善財童子が、五十三人のさまざまな善知識に導かれ、ついに普賢菩薩のもとで求道を完成するという物語になっています。この最後の場面で語られるのが普賢菩薩の十の行《ぎょう》と願《がん》で、その概略は、十方三世の一切の仏を礼敬《らいきょう》し、称賛し、供養し、みずからはその罪障を懺悔《さんげ》し、最後にそれらの行願の功徳と善根を仏法世界のすべてに振り向けることを願うというものです。

源信が主宰した普賢講はこうした教義に基づいて行われたものですが、その十種行願には、一に無量《むりょう》の善根を生じ、二に無量の悪業と病患を滅し、そして三点目に極楽世界に往生すること疑いなし、と三種のご利益が謳われています。良範往生の背景には、源信のいつくしみの心と、このような教理的根拠があったのです。

《キーワード③　九品《くほん》の浄土《じょうど》》

源信は生前、浄土の経文をもとに、阿弥陀如来が来迎するようすを描いたことがありましたが、その絵には僧侶の数が多く、菩薩は少なく描かれていました。弟子たちは、極楽からのお迎えなのに、どうして修行中でまだ悟っていない僧侶が多いのか、と源信に尋ねました。これに対して源信は、「おのれの分際を考えれば上《じょう》品《ぼん》は高望みというもので、だから極楽の上中下三品《さんぼん》のうち下品《げぼん》のさまを描いたのです」と答えます。また臨終近くなった源信が看病僧に、経の下品の上中下三生《さんしょう》のうち上中の二生を読ませた、とも伝えられています。

これらは源信の控えめな人柄を示す話としてその伝記に記されていますが、気になるのは極楽に上中下のランクがあるとされている点です。

『観無量寿経《かんむりょうじゅきょう》』には極楽には九種あると記されています。上品上生《じょうぼんじょうしょう》・上品中生《ちゅうしょう》・上品下生《げしょう》・中品《ちゅうぼん》上生・中品中生・中品下生・下品《げぼん》上生・下品中生・下品下生の九つです。行者が生前にどのような善行を積んだかにより、生まれ変わる極楽での場所が異なるとも説かれています。

源信がおのれの分際とした下品上生《げぼんじょうしょう》は、もろもろの悪業をなした者でも、臨終時に仏法僧の三宝の名を聞き、阿弥陀如来の名号を称えるならば、極楽浄土のお迎えにあうとされています。

この九品《くほん》の浄土については、往生の相《そう》は違っていても浄土は一つとの説もあり、信者としては、ともかくも往生した先が極楽であることが第一だったことでしょう。

Ⅳ

信心の心構え

28 皆ひとしく成仏できるという真実

仏法《ぶっぽう》に遇《あ》うといえども、仏意《ぶっい》を了《りょう》せず、もし終《つい》に手を空《むな》しくせば、後悔なんぞ追《およ》ばん。

【現代語訳】 あいがたい仏の教えに出会っても、仏の深意《しんい》を理解できないまま、もし、まったく得るものもなく終わってしまっては、後悔しても後の祭りというものです。

（『一乗要決《いちじょうようけつ》』序）

『法華経』には、仏の教えに声聞乗《しょうもんじょう》（仏の説法を聞いて悟る人のための教え）・縁覚乗《えんがくじょう》（独自に悟りを得る人のための教え）・菩薩乗《ぼさつじょう》（自利利他を求める菩薩のための教え）の差別（三乗《さんじょう》）は方便にすぎず、人間は皆ひとしく成仏できる（一乗《いちじょう》）と説かれています。

この一乗か三乗か、人間はだれでも仏になれるのか、それとも本性においては可能性があっても実際には成仏できない場合もあるのかといった議論は、インドや中国での論争を経て、わが国でも天台宗《てんだいしゅう》と法相宗《ほっそうしゅう》の間で対論が繰り返されました。天台宗は『法華経』の一乗思想の立場をとりますから、源信もその立場から発言しています。『一乗要決《いちじょうようけつ》』は源信六十五歳の著作です。執筆を思い立ったとき源信は病床にありました。かれは古来の論争に決着をつけるため、自宗他宗に偏らず不偏不党の立場で、何が真にして実であるか、それのみを確かめようとしました。その結果、一乗こそ真実の理、それこそ仏の深意との結論に到達したのです。体調不良の中の力作、万感溢れるものがあったのでしょう。

「すでに今生《こんじょう》の蒙《もう》（無知）を開く、何ぞ夕死《せきし》の恨《うら》みを遺《のこ》さん」と認《したた》めています。「朝《あした》に道を聞かば、夕べに死すとも可なり」（『論語』）の心境だったようです。

㉙ 名誉や利益を捨てきれるか

大象《だいぞう》の窓を出《い》ずるに、遂《つい》に一尾のために碍《さ》えられ、行人《ぎょうにん》の家を出ずるに、ついに名利《みょうり》のために縛《しば》らると。

（『往生要集』大文第九《だいもんだいく》 往生《おうじょう》の諸行《しょぎょう》）

【現代語訳】 大象が窓から出ようとして、その小さな尾が邪魔となり、どうしても出ることができなかったと言いますが、修行を志した人も出家しようとして、世間的な名誉や利益に囚われていては、結局、出家できないということです。

この世に生きている以上、世間とかかわりなく生きていくことは不可能です。ことさら世事に執着しているわけでなくても、いざとなると捨てきれないものが随分あるものです。ましてや世間的な名声や利益になると、ないと思っていた執着心も刺激されがちなのが一般です。たとえほんのわずかな名誉であり利益であっても、ときとしてそれが邪魔となり大事を遂げられないことがあるかもしれません。『仏蔵経《ぶつぞうきょう》』というお経で、「あのお釈迦さまでさえ信者の供養を数多く受けたため、その教えが早く滅びてしまうであろう」と迦葉仏《かしょうぶつ》という仏が予言していますが、それほどに名利《みょうり》は避けなければならないもののようです。

このような話もあります。

むかし訖栗枳《きりき》王という王様がいました。小窓一つしかない狭い室内から脱出しようとした象が、かろうじて身を乗り出したのに、わずかに尻尾ひとつが障害となって出られなかったという夢を見て、この話を迦葉仏に語ったところ、迦葉仏は、愛する父母や妻子をさえ思いきって捨て出家修道に邁進する者でも、名利に対する執着だけはなかなか捨てきれないものだ、とそのいましめの意味を説き明かしてくれたということです。標記の言葉、「大象《だいぞう》の尻尾」云々は、この話に基づくものです。

これを踏まえて、源信は、「輪廻《りんね》を離脱しようとしてできない最後の怨みは、名利《みょうり》より大なるものはない」と結んでいます。

しかしだからといって、おのれの心を律するのは何よりも困難です。名聞利養《みょうもんりよう》（世間的な名声と利益）と向き合って、これを克服しようとしても、大抵は負けてしまうのが世の常です。いろいろと誘惑や惑乱の多い人の世にいながらも、心だけは澄ますようにといわれても、そのような境地に達するのは至難の業ですから、凡人はただ途方に暮れるばかりです。

源信は言います。「もし自分の心を制することができなければ、その地を避け、どこか修行にふさわしい所に移住すべきです。周りの環境に左右されやすい人にとって、『麻中《まちゅう》の蓬《よもぎ》』と『屠辺《とへん》の厩《うまや》』のどちらを選ぶべきか、よく考えるべきでしょう」と。

「麻中の蓬」とは、蓬は麻の中に生えると自然に真っ直ぐになるという意味、「屠辺の厩」とは、ある王が所有する気力勇壮で敵兵を踏み殺す象も、寺院の近くに飼えば仏法の教えに感化されて心柔和になり慈悲心を起こし、罪人を踏み殺すことがなくなったが、厩舎《きゅうしゃ》を屠所《としょ》近くに移すと日々殺害を見て悪心を盛んに起こすようになった、という説話に基づく言葉です。つまり自制心に自信がなければ、環境を変えなさいというのが源信の考えのようです。

修行と環境の関係は、長い仏教の歴史の中でも重要な問題とされてきましたが、わが国でも平安時代や鎌倉時代には、都の喧噪を離れて閑居するとか、世俗化した大寺院を忌避し、その周辺にのがれ住むといった修行者が数多くいました。あるいは一所に定住せず、漂泊して生涯を旅に終える者もめずらしくありませんでした。前者の代表には『方丈記《ほうじょうき》』の鴨長明《かものちょうめい》を、後者の代表には西行《さいぎょう》をあげておきましょう。

一つ所に定住するか、諸国を漂泊するかの違いはあれ、いずれも世間との距離の置き方に鋭敏な感覚を有した人たちでした。すがる幼子《おさなご》を縁より蹴落としてまで出家の初志を貫こうとしたという伝説が西行にありますが、この世とのしがらみは断ち切りがたいものです。話自体は伝説だとしても、出家してすべてを捨てることは難しく、源信も繰り返し説き続けなければならなかったのでしょう。経典からの引用を踏まえながらも、めずらしく源信自身の言葉で力説されている部分です。

㉚ 衣食を貪り求めてはならない

もし、仏弟子《ぶつでし》にして、専《もっぱ》ら正道《しょうどう》を修《しゅう》し、貪求《とんぐ》する所なき者、自然《じねん》に資縁《しえん》を具《ぐ》す。

【現代語訳】仏の弟子として、ひたすらに正道を修して、貪り求めることのない者には、おのずと衣食の縁《えん》はそなわるものなのです。

(『往生要集』大文第十　問答料簡《もんどうりょうけん》)

わたしたちが生きていく上で衣食が不足すれば、ただちに生活に支障をきたし、生存さえ脅かされる危険にさらされかねません。逆にそれが充分に満たされていれば、「衣食足りて礼節を知る」の名句どおり、社会的常識や慣行をわきまえた円滑な人生を送る下地ができます。これは一般的な社会生活におけるものでしょうが、念仏の行者の場合でも、やはり衣食は不可避の問題であったようです。そこで『往生要集』においても、概略、次のような問答がやりとりされています。

お聞きします。凡夫《ぼんぷ》の行者にとって、衣食は念仏の助けとなる必須の外的条件です。空腹や裸では悟りの道もままなりませんが、いかがでしょうか。

答えよう。在家の人は家業が自由で衣食を調達できるので念仏の妨げになりません。しかし出家は、一菜一菓《いっさいいっか》とか鹿皮《しかがわ》・糞掃衣《ふんぞうえ》（捨てられたぼろきれの衣）といった、わずかな食事や粗末な衣服でなければなりません。出家者としてのレベルが最下級の者でも、衣食のために日夜奔走し、そのために修行を怠るようではいけない。衣食は檀越《だんおつ》（施主）の布施《ふせ》によるべきで、それも少しを得るだけで満足すべきです。正しい道を修し、貪りの心をなくせば、おのずと資縁は得られるものです。

このことを証するため、源信は例によって経典の文を証拠にします。まずは貪求《とんぐ》の否定です。欲界《よくかい》の六天（46頁参照）などが、仏の前で、仏の弟子として仏の教えを守り、身口意《しんくい》の三業《さんごう》（身体的行為、言語表現、心意作用の三種の行い）が仏のいましめにかない戒律を守る者には、これを護持し、必要なものを供給して欠けるところがないようにして養育いたしますと誓った、などと説明しています。

ところが凡夫はかならずしも三業が調《ととの》わず、身口意の行いが戒律に背くこともしばしばです。そうなれば仏や諸天の護持と養育から見放されることになり、頼りにするものがありません。これをどうすればよいのでしょうか、と尋ねたくもなります。

これに対する源信の答えは、なかなか厳しいものです。曰く、「このような難癖をつけるような質問は、怠慢で道心のない者のすることです」と一喝しています。懈怠《けたい》の心をもって供養を得ようとは何ごとか、と見透かされているようで、思わず身がすくみます。「もし本当に菩提を求め、まことに浄土を願おうとする者は、むしろ身命を捨ててもどうして禁戒を破ることがありましょうか」とか、「まさに一生涯かけて勤め行ったことをもって、永劫《えいごう》の妙果《みょうか》（この上ない結果＝菩提）を期すべきです」と言って、戒律をたもつことの大切さを強調しています。

本項の冒頭の言葉は、このような脈絡において発せられたものなのです。

源信はさらに経典を引用して、「出家して頭を剃り袈裟《けさ》を着た者が、たとい戒をたもたなくても、かれらはすべて涅槃《ねはん》の印を押されているのだから、師長《しちょう》（師匠や年長者）に接するように護持せよ」とか、「かれらを悩乱《のうらん》し誹《そし》り辱《はずか》しめるならば、堕地獄《だじごく》の罪を犯し三悪道《さんあくどう》を増長させる罪を犯したことになる」とも言い、聞きようによってはやや過激な発言も繰り返しています。

破戒の者や、もともと戒律をたもたない者までも擁護するような発言は、さすがに誤解を招くおそれがあると思ったのか、源信はさらに経典を引用し繰り返し説明しているので、ますます議論が込み入っていきますが、要するに、戒律をたもち物欲を抑え、ひたすらに正道《しょうどう》を修して、貪り求めることのない者には、おのずと衣食の縁はそなわるものなのです、ということを言いたかったのです。

31 往生する方法はさまざま

一目《いちもく》の羅《あみ》は鳥を得ることあたわざれば、万術《ばんじゅつ》もて観念《かんねん》を助けて、往生《おうじょう》の大事を成《じょう》ずるなり。

【現代語訳】 一目の羅《あみ》（網）だけで鳥をとらえることはできません。だから、あらゆる手立てを用いて、仏を観想《かんそう》する修行を補助し、往生の大事を成就しなければなりません。

（『往生要集』大文第五　助念《じょねん》の方法《ほうほう》）

これは『往生要集』に見える言葉ですが、一目の羅《あみ》（網）だけで鳥をとらえることはできないという言葉は、天台大師智顗《てんだいだいしちぎ》（五三八―五九七）の『摩訶止観《まかしかん》』を典拠とします。智顗はわが国でいえば聖徳太子とほぼ同時代の人で、中国天台宗の祖とされている高僧です。そこには「一目《いちもく》の羅《あみ》は、鳥を得ることあたわざるも、鳥を得るは羅の一目のみ」とあります。羅は網と同義です。源信の言葉では「鳥を得るは羅の一目のみ」を省略していますが、それを踏まえていることはいうまでもありません。『摩訶止観』の言葉は一読して、「たしかに！」と、ポンと膝を打ちそうになるくらい、まさに言い得て妙の感がありますが、いざ自分が使おうとすると適当な例文が思いつかない、なかなか意味深長な言葉です。

智顗はどういう脈絡で言っているのでしょうか。

そこでその先を読みますと、「すべからく広く法網《ほうもう》の目を施して、心行《しんぎょう》の鳥を捕《と》らうべきのみ」とあります。人間の心のはたらきはさまざまで一筋縄ではいきません。多くの人々の思いが一致している場合もあれば、たった一人でもその心のはたらきや範囲が多様であることもあります。まるで自由に空を飛ぶ鳥のようで、とらえがたいのが人の心です。だからこれをとらえるためには、法網を広く張りめぐらさなければなりません。もちろん法網といっても、罪人をとらえる刑罰の法の網ではありません。仏法の救いの網と理解すべきでしょう。

またとらえるのは一目のみといっても、決して他の網の目が無駄になるのではありません。すべての目は一目のためにあるのです。すべての目は一目のために、一目はすべての目のために。どこかで聞いたような文言ですが、似たような言い方を『摩訶止観』もしています。源信の言葉の後半「万術《ばんじゅつ》もて観念《かんねん》を助けて、往生《おうじょう》の大事を成《じょう》ずるなり」は、『摩訶止観』のこの部分を踏まえていることが明らかです。

そこで源信は以下に、念仏往生を助ける手立てとして、七つの「助念《じょねん》の方法《ほうほう》」を示しています。第一は、清らかで静かな所を選び、花やお香などのお供え物をすること。第二は修行の心構えで、終生念仏して怠らず、極楽の仏法僧《ぶっぽうそう》を尊重し、休まず修し、完全に修すること。第三は、気が進まないときでも、極楽の素晴らしさを想像して、心を奮い立たせること。第四は、悪を止めて善を行うこと。第五は、心が迷乱《めいらん》して戒を破ったなら懺悔すること。第六は、正しい修道の邪魔をするさまざまな魔を退治すべきこと。第七は、第一から第六までを総括した全体的な総論です。

これらのうち第三は「対治懈怠《たいじけたい》」、第四は「止悪修善《しあくしゅぜん》」と四文字に要約されていますが、この二つには長文の説明が施されていて、源信がとくに大切なところとしていたことが知られます。源信は念仏して極楽に往生することを説きましたが、ことはそう簡単ではありませんでした。その念仏は口称《くしょう》の念仏のようでいて、実はかならずしもそうではなく、むしろ阿弥陀如来のすぐれた姿形を心中に観想することを基本としていたようでもあります。法然や親鸞の口称の専修念仏《せんじゅねんぶつ》とは違い、簡単には単純化されない複雑な信心の内幕があったようです。しかしそうした葛藤や複雑さは、またさまざまな文化を生みだす源泉にもなり得ます。浄土教の美術・文学・芸能などを想起すれば、納得していただけるものと思います。

ただし次の例はどうでしょう。「魚をうることは網の一目によるなれど、衆目の力なければ是《これ》をうることかたき《難》がごとし」(『神皇正統記《じんのうしょうとうき》』)。南北朝内乱のさなか、北畠《きたばたけ》親房《ちかふさ》も少々慌てていたようで、鳥が魚に化けていますが融通無碍《ゆうづうむげ》は名文句の証拠でしょう。

㉜ 生活のすべてが修行に通じる

対治懈怠《たいじけたい》とは、行人《ぎょうにん》、恒時《こうじ》に勇進《ゆうしん》することあたわず。或《あるい》は心蒙昧《こころもうまい》となり、或は心退屈《たいくつ》せん。その時、応《まさ》に種々《しゅじゅ》の勝事《しょうじ》に寄せて自心《じしん》を勧励《かんれい》すべし。

【現代語訳】 怠惰《たいだ》な心を制するのは、（念仏の）修行者といっても、いつも勇んで励んでばかりもいられず、気持ちが奮い立たずぼんやりとしたり、心がくじけてしまうこともあるでしょう。そんなときには、（阿弥陀如来の）いろいろなすぐれた特徴を想い起こし、それを自分の心の励みにすべきです。

（『往生要集』大文第五　助念《じょねん》の方法《ほうほう》）

源信という人は本当に真面目な学僧です。ただしく阿弥陀如来を観想する（心に想い描く）ために、前項で七つの助念の方法をあげたことに触れました。その中の一つがこれで、その名も「対治懈怠《たいじけたい》」です。怠りがちな自分を励ますために怠慢のもとを退治しようというわけです。人はどんなに頑張ろうとしても、気持ちが乗らずボーッとし、また心がくじけそうになることがあります。このことを源信は蒙昧とか退屈と言っています。蒙昧は知識が少なく道理に暗いこと、退屈は仏道修行の厳しさに負けて心が折れることで、なにもすることがなく暇をもてあますこととは少し違います。

そうしたときには阿弥陀如来についてのさまざまな勝事《しょうじ》（すぐれたこと）を思い、それに事寄せて自分の心を励ましましょう、というわけです。今どきの言葉に置き換えるなら、さしずめメンタル・トレーニングといったところでしょうか。ことは修行ですから、「楽しんでやる！」というところまでいくかどうかはわかりませんが、ともかくもそのために源信は二十にも及ぶ具体例をあげています。

たとえば、阿弥陀如来の四十八願《しじゅうはちがん》を思い念じなさいとあります。如来は観音《かんのん》・勢《せい》至《し》の両菩薩とともに大願の船に乗り、迷いの海に浮かび、この娑婆世界にやって来て、人々を乗船させ極楽浄土に送り届ける、とあります。四十八願とは、阿弥陀如来が成仏する以前の法蔵《ほうぞう》という名の修行者だったときに立てた誓願のことで、そのもっとも有名なものが第十八願の念仏往生であることについてはすでに説明しました。

これ以下、相好《そうごう》（仏のすぐれた姿形）の功徳、光明の不可思議なはたらき、あらゆる世界を一念のうちに過ぎ去る飛行自在の能力、また天眼通《てんげんつう》（あらゆるものを見通す能力）・他心通《たしんつう》（他人の考えていることがわかる能力）・宿命通《しゅくみょうつう》（過去世《かこせ》のことを思い出す能力）といった神通力、よく煩悩を制御できる能力、などの仏の絶対的能力が列挙されます。心がくじけてしまう退屈なときには、それらを想い起こしなさいということです。これらのことを想起することにより、それが念仏の助けになり、極楽往生につながるのだとされています。

さて、源信は真面目な上にたいへんサービス精神の旺盛な人だったようで、二十種類の勝事をあげた後に、さらに次のような問答を付け加えています。

わたしたち凡夫《ぼんぷ》（仏法の道理をわきまえない人）は、一心不乱に修行しようとしても、ついつい目の前のものに心を奪われ、仏を念じる心を持続させることはなかなか困難です。このような場合はどうしたらよいのでしょうか。

この問いに対して次のように答えています。

もし今すぐに二十の勝事《しょうじ》の一つもできなくても、たとえば、もし遊び戯れ談笑しているときは、極楽世界の宝池《ほうち》や宝林《ほうりん》の中で極楽の人々や菩薩たちと共に楽しむ光景を想像し、それを願えばよいでしょう。もし身分も徳も高い人に会ったならば、その人に仕えるのと同様に、極楽に生まれて如来に仕えようと願えばよく、もしまた飲食しているときは、自然に得られる極楽のこの上なく美味な食べ物に思いを馳せることです。また、歩くこと、止まること、坐ること、臥《ふ》すことなど、すべてこれに準じればよろしいと思います。

手を替え品を替え、なんと行き届いた配慮でしょう。修行を非日常的で特別なこととせず、日常生活のあれこれと結びつけて無理なく信仰内容を充実させ形成していくようにと、その心構えが示されているのです。世の中の大部分は凡夫から成っており、特別な能力を具えている人はわずかです。多くの人を救済するための配慮が、『往生要集』という壮大な教義大系を下支えしていることをうかがわせる一例です。

33 なぜ煩悩など起こるのか

善業《ぜんごう》はこれ今世《こんせ》の所学《しょがく》なれば、欣《よろこ》ぶといえども、動《やや》もすれば退《しりぞ》き、妄心《もうじん》はこれ永劫《ようごう》に習いたる所なれば、厭《いと》うといえども、なお起こる。

【現代語訳】 善行は、この世に生まれてから学ぶことなので、喜ばしいこととはいえ、とかく怠りやすく、煩悩《ぼんのう》にけがれた心は、過去世《かこせ》からきわめて長い間慣れ親しんできたものであるから、厭《いと》い捨て去ろうとしても、なお起こるのです。

（『往生要集』大文第五 助念《じょねん》の方法《ほうほう》）

一夜漬けの勉強は、試験が終われば忘れてしまい、なかなか身につかないのと同様に、一刻も早く極楽浄土に往生したいと願い、そのための行《ぎょう》を積む善行も、それ自体は大いによいことですが、なにせこの世に生をうけてからはじめて学ぶことですから、ついつい怠りがちになってしまいます。これに対して、永遠の過去からの習い性になって、すっかり身にしみついている煩悩にけがれた心は、拭い去ろうとか消してしまおうと思っても、むずむずと頭をもたげては善行の邪魔をします。

取り上げた言葉は、そのような場合、一体、どうしたらよいのでしょうか、という悩みの相談の主文に相当する部分です。

これに対する回答として、たとえば、どうしても意気消沈して気勢が上がらないときには、阿弥陀如来のすぐれた姿形を観想《かんそう》するのがよいでしょうとか、眉間の白毫《びゃくごう》(白い旋毛のかたまり)を目を閉じて観想しなさい、と勧めます。また、もし明瞭な像を結ばないときには、目を開けて改めて仏像を見、これを繰り返して如来《にょらい》の像の全体に心眼《しんがん》を開いていけば、不活発に沈みきった心身を活性化させ、仏の功徳を念ずることも可能になり、罪障《ざいしょう》を滅却することができるのです、とも言っています。

次に、悪念《あくねん》や邪見《じゃけん》にとらわれたときには、仏の卓絶した能力やその功徳に思いを馳せることが大切だと言います。仏の卓絶した能力とは、たとえば、身口意《しんくい》の三業《さんごう》において過失のないこと、すべての生きとし生けるものに対する平等心、救済の意欲・精進・念力などが減退しないこと、過去・現在・未来の一切について知っていて停滞がないことなどですが、そのはたらきや能力に注目することを説いています。

さらに、いろいろな対象に迫られて圧迫されていると感じるときには、姿形やその力ではなく、不生不滅《ふしょうふめつ》で、目に見える形も色もなく、真理そのものとしての如来を思いなさいと勧めていますが、これはいかにもレベルが高そうで、尻込みしてしまいます。これができる人なら、最初から悩むことはなかろうとさえ思われます。

しかし源信は、こうした個別的な煩悩消去法ではなく、総体的一般的な方法も提案し、さらにレベルアップを促しているように見受けられます。その一つとして、煩悩が起こる原因を突き止めて心を明瞭にし、悪賊《あくぞく》を責め立てるように煩悩を呵責《かしゃく》するのがよい、と言っています。またさらに根源的な方法として、なぜ煩悩が起こるのか、その原因となる理由を突き詰めていけば、結局は煩悩など起こる根拠がないことに気づくであろう、とも述べています。これで晴れて煩悩とは決別となるのですが、突き詰めて考えるとはどういうことか、さらに問題は残ります。

そこで源信は次のように四つの仮定を立てて説明しています。

「煩悩は、①心によって生じるのか、②それともなにかしらの対象のせいで生じるのか、③または心と対象とが一緒になって生じるのか、④あるいは両者無関係に生じるのか。そこでもし純粋に①なら、この世にはありもしない亀の毛や兎の角にも心動かされることになり、②ならば、心のはたらきが不要な睡眠中にも煩悩が起きることになり、いずれも理に合わない。両者別々のときに煩悩が起きないなら、それが一緒になろうがなるまいが（③④）、煩悩が起きる理由はないことになろう」と。

少々ややこしい議論になりましたが、白毫観から論理的考察に至るまで、あらゆる凡夫に応じた煩悩除去の方法が提示され、ここでも源信が用意周到で、細部に至るまで配慮を怠らない宗教者であることが了解されます。

㉞ 浄土に往生するために必要なこと

念仏相応《ねんぶつそうおう》の教文《きょうもん》に於《お》いて、常に応《まさ》に受持《じゅじ》し披読《ひどく》し習学《しゅうがく》すべし。

【現代語訳】 念仏往生に相応した教文（教えを書いた文章・法文）を常に持ち、開き読み、学習すべきです。

（『往生要集』大文第十 問答料簡《もんどうりょうけん》）

『往生要集』が源信の代表的な著作であることは言うまでもありません。本書でも、数多くの言葉をここから抜粋していますが、標記の言葉は『往生要集』大文第十の最末、「助道《じょどう》の人法《にんぽう》」で語られているものです。助道の人法とは、念仏の助けとなり、極楽往生を遂げるために必要な人と教法という意味です。

その助道の人法にはおよそ三つある、と源信は言います。

一つは、大乗《だいじょう》の戒律にも小乗《しょうじょう》の戒律にも詳しく、往生するうえでの障害となるものをとり除くことのできるすぐれた師につき、よく敬い学習すること。二つは、ともに困難を乗り越え、臨終に至るまでたがいに勧め励ましあえる同行《どうぎょう》の士を得ること。三つは、念仏往生に相応した教文を常に持ち、開き読み、学習すべきこと。この三点です。要するに、大切なのは師と友と自助努力といったところでしょうか。

取り上げた言葉は、この三点目のアドバイスになります。そして一点目と二点目はきわめて簡略にすませる一方、三点目については詳しく説明しています。『往生要集』を書き終えるに当たり、ぜひ言っておきたいことが、この言葉だったのでしょう。

そこでこの点について、まず、真の仏の教えがあれば、どんなに遠方でも訪ねて聴《ちょう》聞《もん》し、一心に声に出して読誦《どくじゅ》し、決して忘れないようにしなさい。もし実際に行き聞くことができなくても、その功徳は尽きることがないでしょう、と基本的な心得を説き、次いで、その念仏に相応する教文とはどのようなものであるかを、具体的に経典を例にあげ説明していきます。それは極楽浄土や往生の行に関する基本テキストと、その一言紹介ともいうべき一覧で、経典を読んだことがなくても、または読解する能力や知識がなくても、その経典の内容が了解される叙述になっています。

源信は、『往生要集』冒頭の序文で、自分のことを「頑魯《がんろ》の者」と言っていました（69頁参照）。そのことを最後に再び想起させて、いろいろと経典を開き見ることが困難なわたしのような人のために、要点のみを抄出してお示ししましょうと言って、十数部の経典や論書をあげ紹介しています。ざっと以下のような調子です。

「正しく極楽浄土の観察・観想の行《ぎょう》や極楽に往生するための行と果《か》を明らかにする経典は『観無量寿経《かんむりょうじゅきょう》』一巻にまさるものはなく、念仏する人々を救済しようという阿弥陀如来の本願《ほんがん》や極楽のようすを詳細に説く経典は『無量寿経《むりょうじゅきょう》』三巻に及ぶものはない。諸仏の相好《そうごう》や観想による滅罪を明らかにする経典は『観仏三昧経《かんぶつざんまいきょう》』十巻まが八巻にしくものはなく、日々の読誦にはわずかに五紙の『小阿弥陀経《しょうあみだきょう》』一巻がもっともすぐれている」。そして最後に、「みごと極楽に往生した人々の例を収集しているのは、唐の迦才《かさい》編の『浄土論』三巻と文諗《ぶんしん》・少康《しょうこう》共編の『瑞応伝《ずいおうでん》』一巻である」などと締めくくり、行き届いた配慮を示しています。

このころ慶滋保胤《よししげのやすたね》という文人貴族が、わが国にも極楽に往生した人々がいたとして全部で四十余人の往生者を収集し、その伝記を著しました。『日本往生極楽記《にほんおうじょうごくらくき》』という書物で、いわゆる往生伝《おうじょうでん》のわが国における草分けです。唐の先行の二書（『浄土論』『瑞応伝』）と源信に影響を受けたことは間違いありません。

極楽往生の教えと、その結果極楽に往生できた人の実例。この二つが揃えば、浄土信仰はだれかれの区別なく人々の心に受容されるでしょう。標記の言葉は、一見、机上の学問を強いているようにも思えますが、それがかなわない人でも、信心をもちさえすれば功徳があり、往生伝を見るだけでも道は開かれると言っています。このように、源信は理論と実践の双方に目を配りながら、さまざまな言葉を用い、さまざまな人々に浄土へのいざないを試み続けたのです。

35

みずからの心の師となる

常に心《こころ》の師《し》となるべし。心を師とせざれ。

【現代語訳】 師が弟子を律し導くように、自分の心を制御しなければいけません。決して、気持ちのままに動かされてはいけないのです。

（『往生要集』大文第五　助念《じょねん》の方法《ほうほう》）

この言葉は『大般涅槃経《だいはつねはんぎょう》』に見え、源信はとくに断ってはいませんが、おそらくはこの経典を踏まえて言っているものと思われます。『往生要集』の中では、念仏往生を助ける七つの行《ぎょう》のうち第四の「悪を止めて善を修す」の項で、ごく自然に使用していますから、平安貴族社会では日本語化していたのかもしれません。

もし煩悩が心を覆ってしまい、煩悩を払いのける方法を修めようという気持ちすら起きなければ、その原因を知らなければなりません。決して、気持ちや心に翻弄されてはならず、これを制御し心の師となって導かなければなりません。心の師とはなっても、心を師としてはいけないのです、と源信は強い意志を顕示しています。

この言葉は鴨長明《かものちょうめい》もその著『発心集《ほっしんしゅう》』に引用していますが、自分の心をいかにコントロールするかは、人生の随所で試される大切な心構えの一つですから、仏教を離れてもいろいろな場面で通用し、今もなおよく見聞きする言葉となっています。たとえば学校の先生や職務上の上司、あるいはさまざまな集団活動における指導者や先輩などから、多少の違いはあっても、同趣旨の訓話を一度は耳にしたことがあるのではないでしょうか。

36 凡夫であるわたしたちが救われるには

妄念《もうねん》はもとより凡夫《ぼんぷ》の地体《じたい》なり。妄念の外《ほか》に別の心もなきなり。

（「横川法語《よかわほうご》」）

【現代語訳】　迷いの心は、凡夫である私たちにとって、本来的なものであります。迷いの心が私たちを覆い尽くしているのです。

妄念《もうねん》や妄執《もうしゅう》は凡夫の性《さが》でよくあることです。凡夫であるわたしたちにとって、それは根本的な属性であり、もともとそのようなものなのです。わたしたちの心は妄念以外にないのです。なんとも救いようのない悲観的な人間観ですが、このような厳しい決めつけ方は、そもそもわたしたちが凡夫である、というところに発しているようです。

それでは凡夫とは何なのでしょう。手許の仏教辞典を見てみますと、俗人、世俗的なことになずんでいる愚か者、仏教の道理を知らない愚か者、六道《ろくどう》に輪廻《りんね》する者、などと説明されています。いずれにしてもやはり救いようのない存在のようで、絶望的な思いに陥りそうですが、ひるがえって考えてみると、あのお釈迦様でさえ元はといえば釈迦族の王子、つまり一介の俗人に過ぎなかったわけです。ですから精進を重ねさえすれば、悟りに至る可能性はわたしたち凡夫にも皆無ではないことになりますが、果たして源信は、そのような精進をわたしたちに勧めているのでしょうか。源信はもう少し言葉を続けています。

「臨終の時まで、ただひたすら妄念の凡夫のままなのだと心得て念仏をすれば、そのときに阿弥陀如来の来迎にあずかって、如来の坐《い》ます蓮華の台座（蓮台）に乗ることができ、そのときこそ妄念をひるがえして悟りの心となることができるのです。妄念のままで申す念仏によって、蓮が泥中にあっても濁りに染《し》まず清浄な花を開かせるように、疑いなく往生することができるのです。妄念にまとわれていることをもいとわず、自分の信心の浅いことを歎きながらも、志は深くもち常に『南無阿弥陀仏《なむあみだぶつ》』を称えるべきなのです」と。

この言葉によるかぎり、特段の精進は求められていません。むしろ自分は妄念にまとわれた凡夫なのだと納得して、だから信心も浅いのだと歎きつつも、ただひたすら極楽往生の志だけは失わず、南無阿弥陀仏と念仏を称え続けなさい、と言うのみです。それどころか、そうすれば阿弥陀如来の来迎にあずかり、蓮台に坐して極楽往生がなし遂げられ、同時に妄念が悟りの心に変わるのです、と驚くべき結果を約束しています。そしてさらに、妄念の念仏を泥中の蓮になぞらえ、それでも得られる悟りや往生が、濁りに染《そ》まらず清らかに開く蓮華にたとえられています。こうした一種の開き直りともとれる過激な発言は、源信のどこをどう押せば出てくるのでしょう。

「横川法語《よかわほうご》」の成立は源信（九四二―一〇一七）の晩年ですが、さてそのころと言えば、末法《まっぽう》思想が想起されます。釈迦の教えが正しく行われていた「正法《しょうぼう》の時代」が次第に衰退し、やがて仏の教えとそれを学ぶ修行者はいるが、悟りを開く者はいないという「像法《ぞうぼう》の時代」になり、遂には釈迦の教えだけが残り、いくら修行しても悟りを得られない「末法の時代」が到来するというのが末法思想ですが、今は像法の最末期、ほぼ半世紀後——計算上は永承七年（一〇五二）——には末法に突入するとの認識が、この時代には広く共有されていました。こんな悲観的な時代の人々をいかにして救済するか。源信はこの難問に真剣に取り組みました。

そして救済の対象になる人々について考察をめぐらした結果、末法下における人間とは、源信自身も含めて本質的に「頑魯《がんろ》の者」、つまり凡夫として迷いの世界を輪廻する存在と考えたのです。もちろん精進することの正しさは認めるとして、それがかなわないのが凡夫であり人間一般だとすれば、むしろそれを基点として救いの手立てが講じられなければなりません。自助努力の大切を言いながらも、凡夫のままで念仏往生をひたすら信じなさいという一種の極論に到達した事情は、このようなことだったと思われます。晩年に至り源信が到達した心境です。

㊲ 出家したら世俗的な名声を求めてはならない

源信ハ更《さら》ニ名僧《めいそう》セム心無《こころな》ク、（略）仰《おお》セニ随《したがい》テ山籠《やまごも》リヲ始《はじめ》テ、聖人《しょうにん》ニ成《なり》ヌ、「今ハ値《あ》ハム」ト被仰《おほせら》レム時ニ可参《まいるべ》キ。不然《しから》ザラム限リハ山ヲ不可出《いずべから》ズ。

【現代語訳】 わたし、源信には世俗的な名声を名誉とするような僧になる心は、さらさらありません。（略）仰せに従って山（比叡山延暦寺）に籠って、徳のすぐれた高僧となり、（母上が）「今は会いたい」と仰ったときにはお会いしましょう。そうでなければ、決して山を下りることはいたしません。

（『今昔物語集《こんじゃくものがたりしゅう》』巻十五―三十九）

この言葉は、源信とその母との間に交わされた手紙のうち、源信から母に宛てたものの一部です。典拠は説話集ですから、本当に源信がこのとおりに言ったかどうかは、定かではありません。母からの手紙についても同じです。一字一句の正確さを問題にすれば、史実かどうか、また史実としても源信の書簡をどれほど忠実に反映しているか、はなはだ心許《こころもと》ないかぎりですが、わたしは、基本的にこのようなやりとりはあったに違いないと思っています。その理由は、源信没後の早い時期に書かれた伝記が、簡略ながらそれらしいことに言及しているからです。

その伝記とは、これまでにも二、三度典拠とした、『楞厳院二十五三昧結衆過去《りょうごんいんにじゅうござんまいけっしゅうかこ》帳《ちょう》』の源信伝です。この源信伝を書いたのは、弟子であり念仏の同志でもあった覚《かく》超《ちょう》という人物とされています。二人の師弟関係はきわめて深く、源信の誕生から出家、学問と著述、病臥から臨終に至る詳細な描写、死後に往生した世界の夢告など、そば近くにいた者でなければ知りえない描写が、その伝記の随所に見られます。そこで件の母子のやりとりですが、源信伝には次のように記されています。

時に公請《くしょう》に赴き、得るところの物有り。貴《とうと》きを選び母に贈る。母泣きて報じて云う、送るところの物、喜ばざるにあらずといえども、遁世修道《とんせしゅどう》、我が願うところなり。即《すなわ》ち母の言に随《したが》い、永く万縁《ばんえん》を絶《た》ち、山谷《さんこく》に隠居《いんきょ》して浄土の業《ごう》を修す。

公請《くしょう》とは朝廷が主催する御斎会《ごさいえ》や仁王会《にんのうえ》といった国家的な仏事法会に、講師《こうじ》や読師《どくし》として招請されることをいいます。『今昔物語集』では三条の大后《おおきさき》の法華八講《ほっけはっこう》とありますす。いずれにせよ学問を修めた高徳の僧侶が抜擢《ばってき》され招かれるわけですから、たいへんな名誉であります。源信も少年にして故郷を離れて比叡山に上り、良源《りょうげん》という後に天台座主《てんだいざす》（天台宗の管長）になる人を師と仰ぎ、刻苦勉励して公請に招かれたのですから、その際に賜わったお布施の中の最上の物を選んで母の許に贈るのは、ごく当たり前の親孝行というべきでしょう。しかし母は手紙を書き、涙ながらに息子を諭します。

「送っていただいた物がうれしくないわけはありません。しかし、この母が望んでいるのは、あなたが本当に遁世《とんせ》して、しっかりと仏道を修めることにあるのです」と。

遁世というのは、世を遁《のが》れ出家すること、あるいは本来の意味での出世《しゅっせ》と同義ですが、この時代にはもう少し深い意味がありました。この当時の大寺院は学問僧ばかりでなく、巨大化した寺院の管理や運営を担う僧がいて、ときに僧兵を擁することもめずらしくありませんでした。施設や設備の充実は学問と修行の発展と裏腹に、どうしても世俗との縁が濃密になり、やがては全体の俗化を招きがちです。真の仏道を求めるならば、そのように世俗化した寺院からもう一度出家し、出直すくらいの覚悟が必要です。遁世とはこうした状況での再出家を意味する言葉でした。

そこで母の一喝となったわけです。『今昔物語集』によれば、この後源信は母からの手紙を大切に保管し、法文《ほうもん》の中に巻きおいて、ときどき取り出しては見、見ては泣いて学問に精を出したようですが、籠山六年後、もうそろそろいいかと再会を打診したところ、顔を見たからといって前世《ぜんせ》からの罪が消えるわけでもないし、こちらから会いたいと言わないかぎりはどうぞ籠山をお続けください、とにべもない返事。世の中にこんなに気丈な母がいるものか、と呆れるくらいです。源信もわが母はただ者ではない、仏菩薩《ぶつぼさつ》の化身のような人だ、と感心したということです。文面は創作だとしても、たしかな事実に基づく源信母子の対話と考えられます。

㊳ 善は身から離れやすく、悪は身を離れない

野鹿《やろく》は繋《つな》ぎ難《がた》く、家狗《かく》は自《おの》ずから馴《な》る。

【現代語訳】 善心《ぜんしん》や善行は、人を恐れて逃げる山林の鹿のように身から離れやすく、悪心《あくしん》や悪行《あくぎょう》は、飼い馴らされた犬のようにこの身を離れないものです。

（『往生要集』大文第五　助念《じょねん》の方法《ほうほう》）

この言葉を直訳すれば、「野生の鹿はつなぎとめるのが難しく、飼い犬は飼い主によく馴れる」ということになりますが、これだけでは簡単すぎて意味がよく理解できません。それで現代語訳では、『往生要集』の該当する部分を踏まえて、少し言葉を補ってみました。さらにその前後に目を転じてみると、源信は以下のような文脈の中でこの文句を使っています。

出典の「大文第五　助念《じょねん》の方法《ほうほう》」とは、念仏の助けとなる七種の方法を説いたものですが、その第四に「止悪修善《しあくしゅぜん》」、つまり悪行を止めて善行を修すという一節がありま す。この止悪修善に関する大事なテーマの一つが戒《かい》です。たとえば『梵網経《ぼんもうきょう》』というお経には、とくに重要な禁戒《きんかい》として、殺さない、盗まない、姦淫《かんいん》しない、嘘を言わない、酒を売らない、在家《ざいけ》・出家《しゅっけ》の菩薩《ぼさつ》や僧の過ちを吹聴しない、自分を褒め他人をそしることをしない、施しを惜しまない、仏法僧《ぶっぽうそう》（仏と仏の教えと僧）の三宝《さんぽう》をそしらない、の十をあげています。これらを一括して、とくに重要な十の禁戒という意味で十重戒《じゅうじゅうかい》と呼んでいます。

源信は、これらの禁戒をたもつならば、かならず念仏三昧《ざんまい》を助けることができるだろうと言い、往生を目指すために必須である念仏にとって、戒もまたそれを助ける大切な要素としているのですが、「なるほど！」と了解できる半面、なぜ念仏だけでは不十分なのか、と納得できない疑問も残ります。

そこで源信は、「仏を念ずれば、自《おの》ずから罪を消すことができるのであれば、その上にさらに堅く戒を持《じ》する必要があるだろうか」とみずからに問いかけ、さらにこの点について深く追求します。取り上げた言葉は、この自問に対して語られる自答の一部なのです。その全文は、以下のようになっています。

もし一心にひたすら念ずるならば、まことにそのとおりです。しかし、一日中念仏したとしても、心静かにその内実を顧みますと、清浄《せいじょう》な心で念じたのは一、二度に過ぎず、それ以外はみな濁り乱れた心であります。「野鹿《やろく》は繫《つな》ぎ難《がた》く、家《か》狗《く》は自《おの》ずから馴《な》る」と申しますが、ましてや自分の心を制しなければ、どれほどの悪行《あくぎょう》を起こすかわかりません。だから、よく精進し、宝珠《ほうじゅ》を護るように、清浄な戒《かい》をかならずたもたなければならないのです。「後悔先に立たず」と言います。よくよく思案すべきことです。

以上ですが、さらに問答を続けて、「善行はこの世で学んだことなので、喜ぶべきことですが、ややもすれば退きやすく、煩悩にけがれた心は、永遠に続く習性として、厭《いと》ってもなおも起こるものです」とも言っています。前に取り上げた言葉（136頁参照）と主旨は同様としてよいでしょう。

さて、この言葉の典拠の一つは、『涅槃経《ねはんぎょう》』だと考えられます。その中に、「家犬《かけん》は人を畏《おそ》れず、山林の野鹿《やろく》は人を見て怖《おそ》れ走るが如《ごと》し。瞋恚《しんい》（怒り憎むこと）の去り難《がた》きこと家を守る狗《いぬ》のごとく、慈心《じしん》（慈悲の心）の失いやすきこと彼の野鹿のごとし」とあります。瞋恚の去り難きこと、慈心の失いやすいことが、家を守る狗と野生の鹿の特性にかけて巧みに説明されています。源信はとくに出典を示していませんが、かれにとってはすでに使い慣れた言葉になっていたのでしょう。

源信より後代に目をやると、鴨長明《かものちょうめい》の『発心集《ほっしんしゅう》』序にも「䟽《そとも》（家の外）の鹿、繋《かせ》ぎがたく、家の犬、常になれたり」と継承されていて、より一層こなれた言い方になっています。『涅槃経』から『往生要集』、そして『発心集』へと、仏典の言葉が日本人の思想や信仰の言葉として定着していくようすがうかがわれます。

㊴ 進取の精神と国際感覚

仏子《ぶっし》はこれ極楽《ごくらく》を念ずるその一なり。本習《ほんじゅ》の深きをもっての故に、往生要集《おうじょうようしゅう》三巻を著《あらわ》して観念《かんねん》するに備えたり。それ一天《いってん》の下《もと》、一法《いっぽう》の中《うち》、みな四部《しぶ》の衆《しゅう》なり。いずれか親《した》しく、いずれか疎《うと》からん。故《ゆえ》に此《こ》の文を以《もっ》て、あえて帰帆《きはん》に附《ふ》す。

【現代語訳】 わたしも極楽を念ずる者の一人です。生来《せいらい》、頑迷《がんめい》な資質ですので、『往生要集』三巻を著《あらわ》して極楽世界の観想《かんそう》と阿弥陀如来の念仏に備えております。一天《いってん》の下《もと》、一法《いっぽう》の中《うち》、みな仏弟子《ぶつでし》たる四部《しぶ》の衆《しゅう》（比丘《びく》・比丘尼《びくに》の出家《しゅっけ》の二衆《にしゅう》と優婆塞《うばそく》・優婆夷《うばい》の在家《ざいけ》の二衆）であります。親疎《しんそ》の区別はありません。それであえて本書をあなたのご帰国の船に託すのです。

（『往生要集』付載「宋客某宛源信書状《そうきゃくぼうあてげんしんしょじょう》」）

これは源信から宋人《そうじん》某に宛てた書簡の一部です。日付に「正月十五日」とあるだけで何年のものかは明記されていませんが、おそらく永延二年（九八八）のものだろうとされています。また宋人某についても、宋の商人朱仁聡《しゅじんそう》と共に博多に来航していた斉隠《さいいん》という僧侶ではないか、とされています。

この数カ月前、源信は九州への旅に出ました。現在とは違い旅装のグッズや宿泊施設が不十分で、無論、迅速な移動手段などなかった昔の旅が、どれほど困難であったか想像に難くありませんし、また、源信の生涯を通じて、遠隔地への長旅はあまり多くはありませんから、何のための九州行か、旅の動機が気になります。

この謎を解くカギが書簡中の『往生要集』です。源信が『往生要集』を著したのは寛和元年（九八五）四月のことです。いうまでもなく、本書はその後の浄土信仰に理論的裏付けを与えた名著で、当代から後代に及ぼした影響は計りしれないものがあります。その一々については省略しますが、見逃されがちなのが、源信はこれを中国（宋）の仏教界に送って、その学問的批判を請うたという事実です。中国には多くの浄土教家が輩出し、浄土教書の著述や念仏運動などの信仰実践がありました。

『往生要集』は、厭離穢土《おんりえど》・欣求浄土《ごんぐじょうど》・正修念仏《しょうじゅねんぶつ》など十の大テーマを軸に、次第に細密化される構成の網の目を張り巡らせ、この中にさまざまな仏書からの抄出を縦横に貼り付けて著述されました。その引用典籍は百六十余部、引用回数は九五〇回を越えると数える研究もあります。源信の他の著作には、引用数が三、一四三を数えるものもあるといわれますから、まずその数に驚かされますが、数はともかく、それらを一つの結論に向かって緊密に配置する構成力こそが注目されるべきでしょう。

構成のもとには構想があり、構想に基づいて綿密な構成の網の目が設けられる。言い換えるなら、体系があって分類があり、分類項目が立てられてはじめて抄出も可能になるということでしょう。抄出して引用する、これはかの学問の神様菅原道真《すがわらのみちざね》も言っている、「抄出《しょうしゅつ》は学問の要《よう》」ということであり、学問そのものといっても過言ではありません。

源信は延暦寺の学問僧でした。だから『往生要集』を学問的成果と認識していて、その学問的批判を仰ぐため中国仏教界に届けてほしい、と宋の僧に託したのです。

そして看過できないのは、このとき、良源《りょうげん》の「観音讃《かんのんさん》」、慶滋保胤《よししげのやすたね》の「十六相讃《じゅうろくそうさん》」

『日本往生極楽記《にほんおうじょうごくらくき》』、源為憲《みなもとのためのり》の「法華経賦《ほけきょうふ》」も、ともに送られている事実です。良源は源信の師、保胤と為憲はかれとほぼ同年代の文筆官僚で、俗人ながらこの時期の浄土信仰史上、重要な役割を果たした人たちです。書簡には、これらをも送って、日本に「志あるを知らしめん」と、その「志」が強調されています。意気軒昂《いきけんこう》というべきでしょう。

この四年後の正暦三年（九九二）、源信はその著『因明論疏四相違略註釈《いんみょうろんそしそういりゃくちゅうしゃく》』を、行辿《ぎょうてん》という宋僧を介して長安の大慈恩寺《だいじおんじ》に送り批判を求めましたが、その下巻の奥書には、「この書の是非を詳しく決していただき、もってわたしの愚痴蒙昧をひらこうと思うのみです」と記しています。遠慮した言葉ですが、そこに本場の仏教界との対論という、進取の精神と国際感覚を読みとるべきでありましょう。

このちょうど十年後の長保三年（一〇〇一）にも『因明論疏四相違略註釈』と『纂《さん》要義断註釈《ようぎだんちゅうしゃく》』を送っていますが、ときに源信六十歳、「論《ろん》・湿《しつ》・寒《かん》・貧《ひん》」（論義と湿《しつ》・寒《かん》の比叡山の過酷な自然環境と貧乏）に耐え学問と修行に邁進した源信師に、ただただ感服するばかりです。

40 いざ浄土へ

宝の山に入《い》りて手を空《むな》しくして帰ることなかれ。

（『往生要集』大文第一　厭離穢土《おんりえど》）

【現代語訳】　宝の山に入りながら、何一つ手にすることなく帰ってはなりません。

この言葉は源信がはじめて言ったものではありません。類似の表現は経典や仏説に関する論書や註釈書にもしばしば見られます。たとえば、中国天台宗の祖智顗《ちぎ》（五三八―五九七）の『摩訶止観《まかしかん》』は後代に大きな影響を与えた書物ですが、その巻四に「徒《いたずら》に生き徒に死して一の獲《う》べきものなくば、宝の山に入って手を空しうして帰るがごとし」とあります。またわが国では、源信と親交のあった源 為憲《みなもとのためのり》の『三宝絵《さんぼうえ》』総序にも、「汝人《なんじひと》ノ身《み》ヲ得《え》テ道《みち》ヲ不行《おこなわ》ズ成《なり》ニキ。入宝山ニ空手ヲ還《たからのやまにいりててをむなしくしてかえる》ガ如《ごと》シ」とあります。いずれもせっかくの好機をみすみす逸してはいけないといった意味ですが、平易で普遍的な理屈ですから、いろいろな場合に使われます。それでは源信はどのような意味で使っているのでしょうか。

わたしたちはほとんど偶然ともいうべき縁で、この世に生まれ合わせました。そして仏の教えに出あい、六道輪廻《ろくどうりんね》やこの世の不浄・苦・無常などについて知りました。この世での生を終え、次の生で浄土に往生する機会は今をおいて他にはありません。だからこの世への執着を断ち、厭離《おんり》の心を強くもつべきです。それが「宝の山に入《い》りて……」の文言で、行者が持《じ》すべき信心の基本的な心構えだ、と源信は言うのです。

《キーワード④ 仏像の世界》

わたしたちは博物館・美術館や寺院などで、さまざまな仏像に接することができます。もっとも一口に仏像といっても、厳密には仏像とはいえないものも含めて便宜的に仏像と称していますから、正しく理解するためには少し注意が必要です。そこで仏像とひと括りにされているものを、以下の五部に分けて簡単に説明しておきましょう。

第一は「如来《にょらい》部」と呼ばれるもので、これは如来（仏）の像のこと、文字どおりの仏像を指します。釈迦如来・阿弥陀如来・薬師如来・大《だい》日《にち》如来など、いずれも悟りを得た仏の像ですから、厳密には唯一、本来の仏像と称すべきものです。

第二は「菩薩《ぼさつ》部」で、観音・弥勒・地蔵・文殊などの諸菩薩が知られています。大乗仏教では、悟りを求め、みずからの修行の完成と一切衆生の救済を願い、成仏を目指している修行者を菩薩といい、仏に準ずる扱いをうけることも少なくありません。

第三は「明王《みょうおう》部」で、不動明王を中心とする五大明王や愛染《あいぜん》明王などがよく知られていますが、多くは大日如来の命を受けて忿怒《ふんぬ》の形相を示し、もろもろの悪を退治し、導きがたい衆生を畏怖させて教化するはたらきを有しています。

第四は「天《てん》部」です。インドの神々が仏教に取り込まれたもので、梵《ぼん》天・帝釈《たいしゃく》天・四天王・毘沙門《びしゃもん》天・弁財天・吉祥天など、よく目にし耳にするお馴染みのものです。

最後はこれら以外のもので、釈迦十大弟子のような聖者、神仏習合によって成立した八幡大菩薩・熊野《くまの》権現《ごんげん》・蔵王《ざおう》権現などの守護神といったものがあります。

生涯編

略年譜

＊年齢は数え年で表記
＊一部に異説があります

942年（天慶5）	1歳	大和国葛城下郡当麻郷《たいまごう》に生まれる。父は卜部正親《うらべまさちか》、母は清《きよ》原《はら》氏。
953年（天暦7）	12歳	妹の願証尼《がんしょうに》生まれる。
956年（天暦10）	15歳	このころまでに横川《よかわ》に上り出家するか。
963年（応和3）	22歳	〈8月21日〜26日、清涼殿《せいりょうでん》にて応和《おうわ》の宗論《しゅうろん》が催される。〉 〈8月、空也、鴨河原に『大般若経《だいはんにゃきょう》』供養会を催す。〉
964年（康保元）	23歳	〈勧学会《かんがくえ》始まる。〉
966年（康保3）	25歳	〈8月、良源《りょうげん》、天台座主《てんだいざす》に就任す。〉
967年（康保4）	26歳	〈4月、良源、四季講《しきこう》を始める。〉
968年（安和元）	27歳	〈6月、良源、六月会《みなつきえ》に広学竪義《こうがくりゅうぎ》を始める。〉

973年（天延元）	32歳	4月2日、延暦寺大講堂供養会に右方《うほう》の梵音衆《ぼんのんしゅう》を勤める。
974年（天延2）	33歳	6月、広学竪義に及第す。 5月10日、宮中の論義で奝然《ちょうねん》と対論し名声を博す。 このころ母より叱咤激励されるか。
978年（天元元）	37歳	2月、厳久《ごんく》に請われ『因明論疏四相違略註釈《いんみょうろんそしそういりゃくちゅうしゃく》』を著す。
979年（天元2）	38歳	このころ書写山《しょしゃさん》の性空《しょうくう》を訪ね讃嘆の詩を呈す。
980年（天元3）	39歳	9月3日、根本中堂《こんぽんちゅうどう》供養に右方錫杖衆《しゃくじょうしゅう》の頭役《とうやく》を勤める。
981年（天元4）	40歳	6月29日、「阿弥陀仏白毫観《あみだぶつびゃくごうかん》」を著す。
984年（永観2）	43歳	11月、『往生要集』の執筆を開始。 〈11月、源為憲《みなもとのためのり》の『三宝絵《さんぼうえ》』成る。〉 〈この年、慶滋保胤《よししげのやすたね》の『日本往生極楽記《にほんおうじょうごくらくき》』初稿本成る。〉
985年（寛和元）	44歳	4月、『往生要集』成る。
986年（寛和2）	45歳	〈5月23日、横川に二十五三昧会《にじゅうござんまいえ》発足す。〉 9月25日以前、二十五三昧会の結縁衆《けちえんしゅう》となる。

988年（永延2）	47歳	1月15日、宋僧斉隠《さいいん》に『往生要集』の送宋を託す。 6月15日、「起請《きしょう》十二箇条《じゅうにかじょう》」を草す。 7月27日、「普賢講作法《ふげんこうさほう》」を著す。 10月、「首楞厳院新造堂塔記《しゅりょうごんいんしんぞうどうとうき》」を著す。
990年（正暦元）	49歳	2月13日、尋禅《じんぜん》より四季講田《しきこうでん》の管理を任される。
992年（正暦3）	51歳	3月、『因明論疏四相違略註釈《いんみょうろんそしそういりゃくちゅうしゃく》』を慈恩《じおん》門徒に送る。
994年（正暦5）	53歳	6月、『尊勝要文《そんしょうようもん》』を著す。
997年（長徳3）	56歳	4月、源清《げんしょう》『顕要記《けんようき》』の批評執筆者に選ばれる。
1001年（長保3）	60歳	3月10日、内裏での仁王会《にんのうえ》に召され法橋上人位《ほっきょうしょうにんい》に叙される。 『因明論疏四相違略註釈』『纂要義断註釈《さんようぎだんちゅうしゃく》』を斉隠に託す。
1002年（長保4）	61歳	『天台宗疑問二十七条《てんだいしゅうぎもんにじゅうしちじょう》』、行辿《ぎょうてん》宛て書状、慈恩門徒に送る因明《いんみょう》の書などを寂照《じゃくしょう》に託すか。 〈10月、慶滋保胤没す。〉
1004年（寛弘元）	63歳	2月以前、六月会《みなつきえ》広学竪義《こうがくりゅうぎ》探題博士《たんだいはかせ》の宣旨下る。

1005年（寛弘2）	64歳	5月24日、権少僧都《ごんのしょうそうず》に任じられる。 6月22日・27日、藤原道長、源信に使者を遣わす。 8月19日、『大乗対倶舎抄《だいじょうたいくしゃしょう》』を著す。 12月6日、権少僧都を辞す。
1006年（寛弘3）	65歳	10月、『一乗要決《いちじょうようけつ》』を書き始める。
1007年（寛弘4）	66歳	7月3日、「霊山院釈迦堂毎日作法《りょうぜんいんしゃかどうまいにちさほう》」を起草す。
1011年（寛弘8）	70歳	このころ「白骨観《はっこつかん》」を著すか。
1012年（長和元）	71歳	このころより起居に堪えず病臥するか。
1013年（長和2）	72歳	1月1日、これまで修した行《ぎょう》を仏前に申告す。 4月29日、覚超《かくちょう》の次第三観《しだいさんかん》に関する問いに答える。 7月18日、『楞厳院二十五三昧結衆過去帳《りょうごんいんにじゅうござんまいけっしゅうかこちょう》』を記し始める。
1014年（長和3）	73歳	『阿弥陀経略記《あみだきょうりゃっき》』を著す。
1016年（長和5）	75歳	10月、能救《のうぐ》、源信を訪ね石倉寺《いしくらてら》退隠を告げる。
1017年（寛仁元）	76歳	6月10日、源信示寂。

源信の生涯

一　家族と生まれ故郷

源信の家族

源信は天慶五年（九四二）、大和国《やまとのくに》（奈良県）に生まれました。正確な場所はわかりませんが、大体、現在の奈良県葛城《かつらぎ》市當麻《たいま》、あるいは香芝《かしば》市良福寺《りょうふくじ》・狐井《きつい》あたりと考えられています。父は卜部正親《うらべまさちか》、母は清原《きよはら》氏で、父については、仏教への信仰心はないが、その性格はきわめ質朴で正直である、と評されています。一方の母は、善良で、仏教に帰依《きえ》する志が深い女性で、出家入道して極楽往生の行《ぎょう》を修した、とされています。信仰心の篤い人であったことが知られます。質直な父と善良で篤信な母、両親のこのような資質は、息子源信の倦《う》むことのない学問への探究心と、極楽往生に対する不退転の信心との底流に、間違いなく受け継がれていたと推測されます。

源信には二人の姉と妹の三人の姉妹がいましたが、三姉妹はみな出家し熱心に往生浄土を求め、三人ともに極楽往生を遂げた人とされています。その人となりや信仰生活については、心が柔和で正直、日々戒律をまもり、罪をおそれ、『法華経《ほけきょう》』を読むことを日課とし、その結果臨終のときも心乱れることなく念仏しながら逝ったなどと記されていますから、その性格や資質を両親にうけ、みごとに花を開かせた子どもたちであったといえましょう。

ふるさとの山——二上山

源信の人格形成や学問僧としての成長に欠かせない要素として、家族のほかにもう一つ、かれの生地の地理的歴史的環境もあると思います。葛城《かつらぎ》市當麻《たいま》は奈良盆地の西にあり、香芝《かしば》市はその北に接しています。そして西には、これらの地域のどこからでも眺めることができる秀峰二上山《にじょうさん》が聳え、金剛山《こんごうさん》や生駒山《いこまさん》の山並みに連なっています。二上山はこの土地の人々にとっては日々仰ぎ見る山で、古くより「ふたがみやま」とも呼ばれて親しまれてきました。故郷の山と問われれば、まず第一にあげるのがこの山でしょう。その名のとおり、五百メートル前後の雄岳《おだけ》（北）と雌岳《めだけ》（南）二つの峰から成っていて、山容はなだらかで美しく、今も昔も人々に穏やかな安堵感を与える山です。またここには、奈良盆地南部の飛鳥《あすか》地方と大阪方面を結ぶ古道が通じていて、大陸の仏教や文化が流入するルートにもなっていました。

二上山は、持統皇后との政争に敗れ、処刑されてこの山に葬られた大津皇子《おおつのみこ》の死を悼む、姉大伯皇女《おおくのひめみこ》の哀傷歌でも知られています。

うつそみの人なる我《われ》や明日《あす》よりは　二上山《ふたがみやま》を弟《いろせ》と我《あ》が見《み》む

（『万葉集』巻二）

二上山西側には敏達・用明・推古・孝徳の諸天皇陵や聖徳太子ら古代王族の陵墓がありますが、大津皇子がこの地に葬られたのも、こうした事実とかかわりがあるのかもしれません。そして平安時代の当麻郷《たいまごう》の人々が、二上山の向こうに沈む夕日の彼方に、やがて行くべき他界を連想したとしても、そう不思議ではないでしょう。

当麻寺と『当麻曼荼羅』

当麻といえば、だれしもすぐに思い浮かべるのが当麻寺《たいまでら》であり、中将《ちゅうじょう》姫の伝説で知られた『当麻曼荼羅《たいままんだら》』でしょう。また毎年五月十四日に催される「練供養《ねりくよう》」も、この寺の代表的な行事として全国に知られています。

『当麻曼荼羅』は『観無量寿経《かんむりょうじゅきょう》』の極楽浄土のさまを織り成した縦横四メートルほどの大作で、奈良時代に作られました。阿弥陀如来《あみだにょらい》・観音菩薩《かんのんぼさつ》・勢至菩薩《せいしぼさつ》の三尊を中心に、極楽の宮殿や宝池《ほうち》・宝樹《ほうじゅ》、虚空《こくう》、舞楽《ぶがく》などのようすが織られています。

源信も『往生要集』の極楽の十の楽しみ（十楽《じゅうらく》）を述べた中で、極楽に往生すれば、眼・耳・鼻・舌・身の五の感覚器官（五根《ごこん》）に感じる色・声・香・味・触の限りを尽くした絶妙の境界を感じることができる、とその光景を詳述しています。源信が生まれる二百年近くも前から、極楽浄土の絢爛《けんらん》たる大曼荼羅がすでに存在していたのですから、執筆中、ふるさとと当麻寺の曼荼羅が胸中をよぎったであろうことは十分に想像されます。

二上山の向こうには遠い昔の王陵があり、そのこちら側の山麓には当麻寺がある。

夕日の彼方に連なる死後の世界のイメージは、土着の葬送観念と外来の浄土思想が渾然一体となって、当麻の郷《さと》の人々の胸中に深く潜在し続けたはずです。そしてあの信心深い母親や姉妹という家庭環境に育まれ、少年源信は成長していったのです。

二　修学の日々

源信の出家

源信出家の事情はよくわかりませんが、夢告によるものと諸伝が伝えています。

少年のころ、生まれ故郷の当麻寺近くの高尾寺《たかおでら》に詣でたある日、うとうととして夢を見た。お堂の中に蔵があり、そこに大小明暗さまざまの鏡がある。一人の僧侶がいて、その中の小さく曇った鏡を取り源信に与えて、「これを横川《よかわ》へ上ってよく磨くように」と教えます。このとき源信は横川がどこかも知らなかったが、後に事の縁があっておのずから横川に上ることになった。――そのような話です。

源信には姉妹がいるだけで兄弟はいませんでした。おそらく篤信な母は、唯一の男児である源信を延暦寺の立派なお坊さんにして、両親や家族の罪障消滅や極楽往生を託そうとしたのではないでしょうか。この時代、そのような親の期待を背に出家する子を法師子《ほうしご》といいました。本書の言葉編に源信とその母の濃密な母子関係を語る一項を設けましたが（150～153頁参照）、その間の事情を示唆していると思います。

良源の横川再興と四季講

比叡山延暦寺の境内は、大きく東塔《とうとう》・西塔《さいとう》・横川《よかわ》の三カ所に分かれます。横川は東西両塔より北方やや離れた所に位置します。円仁《えんにん》（七九四―八六四）により天長十年（八三三）に開かれますが、かれが唐に留学中に中心の根本如法堂《こんぽんにょほうどう》の荒廃が進みます。帰朝後、これに大改修を加えますが没後は再び荒廃しました。

この横川を復興するのが源信の師良源《りょうげん》（九一二―九八五）です。かれの抜群の経営能力によるものですが、その背景には藤原氏との強い結びつきがありました。摂政太政大臣藤原忠平《ふじわらのただひら》やその子右大臣師輔《もろすけ》の帰依を受け、さらに師輔の第十子尋禅《じんぜん》を弟子としています。藤原氏との祈禱《きとう》を介した太いパイプは、横川復興のための経済的援助を引き出すうえで大きな意味をもちます。

横川には続々と新堂舎が建立され、それが求心力となって大勢の学僧が集い始めます。良源の住房である定心房《じょうしんぼう》には経蔵《きょうぞう》や食堂《じきどう》が付設された四季講堂《しきこうどう》が併置され、康保四年（九六七）からは四季講も創始されて、ここが横川の学僧が切磋琢磨する研鑽の場となります。四季講とは、この講堂の弥勒像《みろくぞう》前で春夏秋冬の四季に催された経典講説の講会《こうえ》のことです。弟子たちはやがてここを足場に学僧として雄飛することが期待され、事実、ここからは多くの学問僧が巣立っていきました。

源信の博学

源信が出家した天暦年中（九四七―九五七）後半の横川には、こうした雰囲気がみなぎっていました。かれはこの環境で思う存分学問に精を出し、延暦寺中の経蔵を訪ね、万巻の書を読破する日々を送ることになります。源信の著述は現在に残るものだけでも三八部六一巻の大部を数え、その大方は『恵《え》心僧都《しんそうず》全集』に収められています。源信の主要著書といえば、すぐに思い浮かぶのが『往生要集』でしょうが、かれの勉強は浄土教に限られるものではありません。仏教の論理学や天台学の全般、さらには南都の他宗の教学にも及ぶものでした。

智弁、群を抜く

延暦寺では最澄《さいちょう》（七六七—八二二）が延暦十七年（七九八）十一月、中国天台宗の開祖天台大師《てんだいだいし》智顗《ちぎ》（五三八—五九七）の忌日《きにち》に法華十講《ほっけじっこう》を始め、これを霜月会《しもつきえ》と称しました。法華十講とは、『法華経』八巻に『無量義経《むりょうぎきょう》』『観普賢経《かんふげんきょう》』の二経を加えた十経を十座に分け、講経《こうきょう》と論義《ろんぎ》を行う法会のことです。また最澄入滅の翌年からはその忌日にも法華十講が行われ、これを六月会《みなつきえ》といいました。いずれの日にも夜を徹して広学竪義《こうがくりゅうぎ》という論義が行われました。

広学竪義の広学《こうがく》とは、単に仏書ばかりでなくそれ以外の書物にも及ぶので広学といいます。また竪義《りゅうぎ》とは、論義問答を通じて自分の意見を述べ、義をたてることをいい、その人を竪者《りっしゃ》と呼びます。これはいわば受験者に当たります。そして、この受験者に出題するのが探題《たんだい》です。いわば問題の作成者であり、論義の勝劣の最終決定をする最高の指導者でもあります。竪者に対しては問者《もんじゃ》がいて、問者は竪者に厳しい質問を浴びせます。問者とは読んで字のごとく竪者に難問を浴びせる役の僧で難者《なんじゃ》ともいいます。広学竪義により学問の興隆が期待されるわけですが、竪者にしてみればたいいへんに厳しいものだったことが想像されます。こんな話が伝えられています。

貞永元年（一二三二）十一月十六日の霜月会の際、光審《こうしん》という竪者がおのれの回答不振を思いつめるあまり、突然高座《こうざ》を下りていずこともなく逐電してしまいます。みなが探したけれどついに発見できず、開闢《かいびゃく》以来未曾有の椿事《ちんじ》とされたそうです。その学僧はその後どうなったのか、他人事ながら身につまされる話です。

さて源信は天延元年（九七三）の六月会《みなつきえ》の広学竪義《こうがくりゅうぎ》に、竪者として登場します。『源信僧都伝』によりますと、成績は十問中九問合格、一問不合格であったとのことで、源信の伝記は、「論義決択《ろんぎけっちゃく》（論義の明快な選択決定）、智弁《ちべん》群を抜く」と称賛しています。源信三十二歳の鮮烈なデビューです。

三　極楽浄土へのいざない

浄土信仰の流行

源信が延暦寺で活躍し始めるころ、寺院でも貴族社会でも、浄土信仰が急速にたかまってきていました。その顕著な例として三点あげておきましょう。

一点目は延暦寺における浄土信仰の伝統があります。それは「山の念仏」とか「不《ふ》断念仏《だんねんぶつ》」と呼ばれた行事です。比叡山興隆の基礎を築いた円仁《えんにん》が中国五台山《ごだいさん》で行われていた念仏三昧《ねんぶつざんまい》の法を伝え、かれの入滅翌年の貞観七年（八六五）に始まり、以後、寺内の重要行事になります。仲秋八月の十一日の暁から十七日の夜に至るまで、不断に仏の周囲をめぐり、口に念仏を称え、心に仏を念じ続け、身口意《しんくい》が犯した過ちの滅罪と極楽往生を期しました。

一方、貴族社会では空也《くうや》（九〇三―九七二）の念仏活動が注目されます。空也は地方での苦修練行《くしゅうれんぎょう》や庶民教化などの宗教活動を経て、天慶元年（九三八）に入京し、以後、京都を拠点に庶民から上流貴族まで幅広い階層を対象に念仏を勧め、多彩な社会活動もあわせて展開します。東西の市《いち》に現れ念仏をひろめて「市の聖《いちのひじり》」「阿弥陀聖《あみだひじり》」と呼ばれ、東西二京に掘った井戸が「阿弥陀の井」と呼ばれたことはよく知られています。また応和三年（九六三）八月に鴨川のほとりで盛大に催した『大般若経《だいはんにゃきょう》』供養会は、上は国王から下は一般庶民まで、さらに六道《ろくどう》に輪廻《りんね》する一切万霊《ばんれい》までの供養と成仏を期すもので、竜頭鷁首《りょうとうげきしゅ》の船を浮かべて管弦を奏で、夜は万灯会《まんどうえ》を催すなどのパフォーマンスも伴い、衆目を集めました。空也はこの付近の東岸に西光寺《さいこうじ》を建立し、死後これが六波羅蜜寺《ろくはらみつじ》と改められて現在に至ります。

『大般若経』供養会の趣旨を記した願文《がんもん》は、空也の依頼をうけた三善道統《みよしのみちむね》によって作られましたが、かれと同じ文人仲間の源《みなもとの》為憲《ためのり》は空也没後に『空也誄《くうやるい》』を著しています。「誄《るい》」とは文体の名称で「しのびごと」、つまり追悼文のことですが、一種の空也伝ともなっています。また友人の慶滋保胤《よししげのやすたね》は極楽に往生した四十余人の行いを集成し『日本往生極楽記』と名づけますが、これに空也も採りあげその行状を記しています。

康保元年（九六四）、保胤《やすたね》や為憲《ためのり》ら大学紀伝道《きでんどう》（中国の文学や歴史を専攻する学科）の学生二十人と、延暦寺の僧侶二十人が三月と九月の十五日に東山の麓に集い、昼は『法華経』の講説、夜は阿弥陀仏名を念じ、学生たちは仏法讃嘆の漢詩を作るという仏事を行い、これを勧学会《かんがくえ》と称しました。以後、ほぼ二十年ほど行われたようです。これに源信が参加していたかどうかは不明ですが、三人の親交は深く、たがいに影響を及ぼし合っていたと思われます。後に源信が『往生要集』を宋に送った際、保胤《やすたね》の『日本往生極楽記』と為憲《ためのり》の「法華経賦《ほけきょうふ》」も、ともに送っています。

『往生要集』の執筆

このような浄土教流行の風潮の中、寛和元年（九八五）四月、源信は『往生要集』を完成させます。執筆の趣旨は序文に明快です。

「往生極楽の教えや修行は、この汚濁に満ちた末代の人々を導く目や足であり、だれ一人としてこれに帰依しない者はいませんが、教義は複雑であり修行もさまざまです。知力がすぐれよく精進する人には簡単かもしれませんが、私のような頑迷な者には困難です。それで念仏という限定された教えについて、ほんの少しですが経論の要文を集めました。これを開きこれによって修行するなら、理解しやすく修しやすいと思います。全体は十章から成り、これを三巻に分けました。」

十章のタイトルは、「一　厭離穢土《おんりえど》」、「二　欣求浄土《ごんぐじょうど》」、「三　極楽の証拠」、「四　正修念仏《しょうじゅねんぶつ》」、「五　助念《じょねん》の方法」、「六　別時念仏《べつじねんぶつ》」、「七　念仏の利益《りやく》」、「八　念仏の証拠」、「九　往生《おうじょう》の諸業《しょごう》」、「十　問答料簡《もんどうりょうけん》」となっていて、それぞれに詳細な説明が施されています。その主なものを選び、『往生要集』の世界を覗《のぞ》いてみましょう。

地獄と極楽浄土

一の「厭離穢土《おんりえど》」は、厭《いと》い離れなければならない穢《けが》れた世界の説明です。それには地獄《じごく》・餓鬼《がき》・畜生《ちくしょう》・阿修羅《あしゅら》・人《にん》・天《てん》の六道《ろくどう》があり、それらの一つひとつが詳述されます。とくに地獄の描写は圧巻で、痛・熱・臭など読む者の五官を最大に刺激し戦慄させます。等活《とうかつ》地獄から無間《むげん》地獄まで、これほど精緻で体系的な地獄のイメージを、それまでの日本人は知りませんでした。『古事記』に見える黄泉《よみ》の国《くに》の比ではありません。

地獄と並び印象的なのは、やはり私たちが生きているこの人道《にんどう》です。源信はこれを厭う理由を三点から説明します。一に不浄、二に苦、三は無常です。たしかに人間の身体各部は不浄に満ちているし、人生の苦悩はだれしも経験するところであります。そして日常的にはあまり実感がありませんが、人生は時々刻々に移り変わり、やがて寿命の限りを迎えます。自覚していないだけで、一歩一歩屠場《とじょう》に引かれる畜生のようなものかもしれません。終わりに近くなってはじめてわかるのが無常なのです。

（これらの地獄道や人道については、言葉編の「Ⅱ　三界《さんがい》は安きことなし」ではもう少し具体的に説明しています。）

残りの穢土《えど》については省略しますが、これらの世界に生死を繰り返すのが六道輪廻《ろくどうりんね》で、煩悩から解放され解脱《げだつ》しないかぎり永遠に続くと考えられています。

それでは欣《よろこ》び求めるべき浄土とはどのようなところでしょう。源信はこれに十楽《じゅうらく》があるといいます。

「聖衆来迎《しょうじゅらいごう》の楽」、「蓮華初開《れんげしょかい》の楽」、「身相神通《しんそうじんずう》の楽」、「五妙境界《ごみょうきょうがい》の楽」、「快楽無退《けらくむたい》の楽」、「引接結縁《いんじょうけちえん》の楽」、「聖衆倶会《しょうじゅくえ》の楽」、「見仏聞法《けんぶつもんぼう》の楽」、「随心供仏《ずいしんくぶつ》の楽」、「増進仏道《ぞうしんぶつどう》の楽」の十です。文字面は堅苦しく重々しい感じですが、よく見るとなんとなく楽しげでありがたい文字が並んでいます。

穢土から一転して、極楽の仏菩薩《ぶつぼさつ》らがお迎えに来てくれ、坐している蓮の華が初めて開き、身から光明を発しすぐれた相好《そうごう》（姿や形）を得、無量寿《むりょうじゅ》（永遠の生命）を得て快楽が退くことなく、仏の教えを親しく見聞するなど、六道とは逆の意味で私たちの感覚器官を刺激します。（これらについてもまた、言葉編「Ⅲ　浄土へのいざない」の各所で言及しています。）

極楽に往生するために

こうして厭離《おんり》すべき穢土《えど》と欣求《ごんぐ》すべき浄土《じょうど》が丁寧に説明されますが、本題はこれからです。問題はどうすれば極楽浄土に往生することができるのか、これこそが『往生要集』の最大の眼目です。それが第四の「正修念仏《しょうじゅねんぶつ》」になります。

源信は五世紀のインドの仏教学者ヴァスバンドゥ（世親《せしん》）が著した論書『往生論』を引き、正しい念仏の修し方（正修念仏）には五つの行《ぎょう》があり、それらを修すれば浄土に往生して阿弥陀仏にまみえることができる、と説きます。

五つの行とは、一に五体投地《ごたいとうち》して阿弥陀仏を礼拝する礼拝門《らいはいもん》、二に口に阿弥陀仏の徳を讃歎《さんたん》する句偈《くげ》を称える讃歎門《さんたんもん》、三に仏になろうと願う作願門《さがんもん》、四に阿弥陀仏の相好《そうごう》を観察する観察門《かんさつもん》、五にみずからの善や功徳を他の悟りのためにも振り向ける廻《え》向門《こうもん》です。

いずれも大切な行であることに相違はありませんが、具体的でだれにでもできそうな往生の方法として、第四の観察門に注目してみましょう。ただ観察といっても、つきつめればそう簡単ではないので、初心者のためには仏の姿を観想することを勧めると言って、これをさらに別想観《べっそうかん》・惣想観《そうそうかん》・雑略観《ざつりゃくかん》の三つに分けて説明しています。

阿弥陀仏の観想

別想観《べっそうかん》とは、まず阿弥陀仏が坐している蓮華の座を観想し、ついで目・鼻・口・舌など、仏の相好《そうごう》の一つひとつを観想することです。相好とは仏の身体上のすぐれた点で、三十二の目立った特徴（相《そう》）と八十の微妙な特徴（好《ごう》）があるとされます。たとえば長広舌《ちょうこうぜつ》は、今は違う意味で使われますが、もとは仏の広く長い舌（広長舌《こうちょうぜつ》）の相をいう言葉で三十二相の一つです。また手足の水かきの膜や、仏足石《ぶっそくせき》で知られる足裏の車輪の模様などもその一つです。

次に惣想観《そうそうかん》ですが、これは仏の各部を個別に観察するのではなく、全体として観想し仏を普遍的な真理そのものと観ずることです。なかなか難しそうですが、源信自身はやろうとすれば難しくはないけれど、口に「南無阿弥陀仏《なむあみだぶつ》」と称える称名念仏《しょうみょうねんぶつ》で十分だからやらない、と伝記の中では言っています。

最後に雑略観《ざつりゃくかん》とは、仏の眉間にある白毫《びゃくごう》ただ一点を観察することです。白い毛が渦巻いて高くなっているあれです。これならだれにでもできそうですが、じつはこの白毫を観察することを説いた短い文章を、源信は『往生要集』執筆のわずか四年前に書いています。これを出発点として『往生要集』の構想が形を整えていった、これこそが『往生要集』の眼目中の眼目であるとの評価もあります。（白毫観については、言葉編で少し詳しく触れています〈84〜87頁参照〉。）

さて『往生要集』はこれ以下、念仏の助けになる行い、尋常の時を限って行う念仏や臨終時の今わの際の念仏など、実践的な行《ぎょう》についての説明が続きます。念仏の二つの側面――観察（観想）と称名――についての説明は、実際に極楽往生を目指す人々の指南《しなん》となりますから、これを参照して念仏に励む僧侶や俗人が著作後すぐに現れました。その二、三の例に簡単に触れておきましょう。

極楽往生の実践

『往生要集』が話題になり、それを指針に念仏往生を実践しようという二十五人から成るグループが、早くも翌寛和二年（九八六）五月、横川に結成されます。「二十《にじゅう》五三昧会《ござんまいえ》」です。二十五三昧とは、迷いの世界を「有《う》」といいますが、これが二十五あるので二十五有《にじゅうごう》といいます。三昧とは一つの対象に向けて心を集中させ散乱させないことで、二十五の迷いを破壊するための行です。メンバーの二十五人は「二十五有」に合わせたものでしょう。

その趣旨は六道輪廻《ろくどうりんね》からの解脱《げだつ》と念仏による極楽往生の二点にありました。そのために結衆は起請文《きしょうもん》を作りました。当初は八カ条、後に十二カ条に増幅されますが、後者は源信の作といわれています。

注目すべき箇条を取り上げてみますと、毎月十五日に念仏三昧《ねんぶつざんまい》を修すこと、結衆が病気になった場合は往生院《おうじょういん》と名づける施設に移し輪番で看護すること、結衆が没した場合は花台廟《けたいびょう》と号する墓所に葬り二季に念仏を修すること、結衆の没後も義を守り善を修すること、などといったものがあります。生前も没後も一貫する堅い絆、結束の強固さが印象的です。病臥・看護・介護・看取り・葬送・追善などといった現代に共通する課題を、かれらも背負っていたことがうかがい知られ、興味深いものがあります。

臨終時の枕頭に極楽からのお迎えが来るなら、これに過ぎる喜びはありません。『往生要集』にも、命終《みょうじゅう》の時に臨んでの大いなる喜びとして、阿弥陀如来が多くの菩薩や比丘衆《びくしゅ》とともに、大光明を放ち目前に現れることをあげています。このようすを宗教劇風に仕立てたものが迎講《むかえこう》とか来迎会《らいごうえ》と呼ばれ、それは源信がはじめて行ったとの伝承があります。先に触れた当麻寺の練供養《ねりくよう》はこれが現代に継承されたものです。

また同時代の権力者藤原道長《ふじわらのみちなが》（九六六―一〇二七）は、『往生要集』を能書家で三蹟《さんせき》の一人として知られる藤原行成《ふじわらのゆきなり》（九七二―一〇二七）に書写させ、法成寺《ほうじょうじ》境内の阿弥陀堂で最期を迎える際には、独り堂内に籠り、『往生要集』の教義に基づいて五色の糸を如来と自分の手に繋ぎ、導かれることを期すものであったこともよく知られています。

このように『往生要集』の影響を数え上げればきりがありません。宇治の平等院阿弥陀堂（鳳凰堂）はこの世に極楽浄土を出現させようとして建てられたものであり、中世の隠者鴨長明《かものちょうめい》（一一五五―一二一六）はみずから建てた方丈の庵に『往生要集』を持ちこみ、はるか西方を想いやっています。さらにその影響が現代にまで及んでいることは、十円硬貨にその鳳凰堂がデザインされていることなどで実証され、たいへんなロングセラーであったことが了解されます。

四　中国仏教への視線

海を渡る『往生要集』

永延二年（九八八）正月、源信は『往生要集』を宋の仏教界に届けてくれるよう、帰国直前の宋の僧斉隠《さいいん》に託しています。その送付先は、中国天台宗の本拠である天台山国清寺《こくせいじ》でした。おそらく本場の仏教界に自著の評価を仰いだものと思われます。

天台山は浙江省《せっこうしょう》東南部沿岸の台州市天台区にそびえる千メートル前後の山々で、古くから霊山として崇められてきました。天台宗の開祖智顗《ちぎ》は、ここを聖なる山として『法華経』と天台教学の根本道場としました。後に隋の皇帝煬帝《ようだい》（在位、六〇四―六一八）によりこの地に国清寺が建立されています。

最澄《さいちょう》をはじめとして円珍《えんちん》・日延《にちえん》など、大勢の僧侶が求法《ぐほう》や参詣のためここを訪れ、なかにはここで修学して在唐数十年に及ぶ者さえいました。また延暦寺の学僧が天台宗の教義上の疑問を中国仏教界に質《ただ》すこともしばしばなされており、『往生要集』を宋に届けることは、このような潮流にも沿っていたのです。

さて『往生要集』は国清寺に無事納められたようです。宋の商人周文徳《しゅうぶんとく》から源信宛に送られた書簡によれば、本書は大いに讃仰《さんこう》され、著者源信は「南無《なむ》日本《にほん》教主《きょうしゅ》源《げん》信大徳《しんだいとく》」と礼拝され、その肖像画の制作が求められているとありますが、少々もちあげ気味の感があります。国清寺に納置されたことは、後に宋に渡った慶滋保胤の出家後の弟子寂照《じゃくしょう》（？—一〇三四）が入宋して確認していますが、南無日本教主や肖像画の件は疑わしくまゆつば物でしょう。これよりやや遅れて入宋した成尋《じょうじん》（一〇一一—一〇八二）は、地方諸寺はおろか国清寺においてさえも『往生要集』が流布した形跡がないことを知り愕然としていますが、おそらくそれが事実に近いでしょう。

日宋仏教の交流

しかし源信は『往生要集』以外にも精力的に自著の送付を試みています。たとえば天台宗の教学に関する疑問を二十七カ条にわたって問うた『天台宗《てんだいしゅう》疑問《ぎもん》二十七条《にじゅうしちじょう》』や、仏教教学における論理学というべき因明学《いんみょうがく》に関する書物も著していて、これらを本場中国の仏教界に送り、その批判と対論を希望したのです。それが送付されたのは、源信五十一歳の正暦三年（九九二）、六十歳のときの長保三年（一〇〇一）、同四年など数度に及んでいます。もってその熱意のほどが察せられます。次の文は、長保三年の送付に際し添えられた、中国法相宗《ほっそうしゅう》の宗徒宛ての書簡の一節です。

> 伏してお願いいたします。従容《しょうよう》として（ゆっくりと落ち着いて）情《こころ》を凝らしてご省覧《しょうらん》（調べること）され、その是《ぜ》とするところを是とし、その非《ひ》とするところを非とされますように。ただし私源信は齢《よわい》六十に至り、余命幾《いく》ばくもありません。早く便りに付して生前に疑いを決したく存じます。切にお願い申し上げます。広恩《こうおん》を蒙りますれば、菩提《ぼだい》に至るまで永く忘れることはございません。

こうしてみると、老いてますます盛んな源信の意欲と学問に対する真摯な姿勢が、ひしひしと伝わってくるのではないでしょうか。そして源信の目がはるか宋仏教界に注がれていたことも明らかに知られます。二十歳代〜三十歳代の修学が続々と結実した四十歳代〜六十歳代は、宋仏教界との対論を試みた時代でもあったのです。またその内容が浄土教学だけではなかったことも了解されることでしょう。

これより前の長徳元年（九九五）、宋天台宗の大立者源清《げんしょう》（？—九九九）から、自身と弟子の著書への批評と、所蔵していない仏書の寄贈を延暦寺座主《ざす》暹賀《せんが》（座主在位、九九〇―九九八）に要請してきたことがありました。このとき朝廷は、書簡に対する返書を当代一流の文人大江匡衡《おおえのまさひら》と紀斉名《きのただな》に担当させます。延暦寺は源清の数部の著書の批評に応じていて、源信は『十六観経記《じゅうろくかんぎょうき》（観経疏顕要記《かんぎょうそけんようき》）』上巻を分担しています。『往生要集』執筆のため広く関係書を渉猟した源信ですから、『観無量寿経（観経）』に関する批評は、かれの得意とする分野だったといえるでしょう。十カ条を越える批評（破文《はぶん》）はいずれも明快で的確、高い研究水準を示すとされています。これは現存していて、『観無量寿経疏顕要記破文《かんむりょうじゅきょうそけんようきはぶん》』上巻として、覚運《かくうん》（九五三―一〇〇七）の下巻とともに『恵心僧都全集』に収められています。

五　横川の指南

横川の沙門源信

これまでしばらく宋仏教界との交流の跡をたどってきましたが、じつはかれは、入宋経験はおろか比叡山を出たことすらほとんどありません。若いころの播磨国《はりまのくに》（兵庫県）書写山円教寺《しょしゃさんえんきょうじ》（姫路市）の性空《しょうくう》（九一七頃—一〇〇七）訪問、『往生要集』を宋に送るための九州下向、敦賀に宋商朱仁聡《しゅじんそう》と宋僧斉隠《さいいん》を訪れたことを除けば、ほとんど他行の記録は残されていないのです。朝廷主催の法会出仕も断りひたすら山内にこもり、文字どおりの横川首楞厳院《よかわしゅりょうごんいん》の沙門《しゃもん》としての生涯を送っています。

しかしそれは単なる引きこもりを意味してはいません。かれの視線は遠く宋仏教界を見つめ続け、一方で足下の横川での学問の深化と幅広い信仰活動、そして俗事との接点も多い四季講と四季講堂の経営などにも注がれていたことに留意すべきです。脚は横川をしっかと踏まえ、目は大陸に注がれていたのです。そこで以下、その横川での活動を見ておきましょう。

普賢講

二十五三昧会《にじゅうござんまいえ》の「十二箇条起請」を作ったことについてはすでに触れましたが、同じ永延二年（九八八）、源信は「普賢講作法《ふげんこうさほう》」も作っています。

「普賢講作法」は、『華厳経《けごんきょう》』に説くところの普賢菩薩《ふげんぼさつ》の「十種行願《じっしゅぎょうがん》」に基づき、その修行と功徳による極楽往生を目指すものです。『華厳経』最後の巻「入法界品《にゅうほっかいぼん》」は、文殊菩薩《もんじゅぼさつ》の教導により求道《ぐどう》遍歴の旅に出た善財童子《ぜんざいどうじ》が、さまざまな人々に出会いながら最後に普賢菩薩のもとでそれを完成するという話になっていて、十種行願というのはこの場面で語られます。

普賢菩薩が指し示す十種の行《ぎょう》と願《がん》の要点、その目的が極楽往生にあったことなどについては、言葉編（112〜115頁参照）に説明していますのでここでは省略しますが、源信が二十五三昧会と並行して普賢講という法会も指導していたこと、旺盛な著述と実践活動が『往生要集』を軸として展開していたことがわかります。

霊山院の生身供と釈迦講

源信は正暦年中（九九〇―九九四）、二十五三昧会の病人を収容する往生院《おうじょういん》の南に、霊山院《りょうぜんいん》という堂舎を建立しました。堂内には仏師康尚《こうしょう》作の釈迦如来像一体が安置され、毎日、信者が輪番制で洗面の道具や食事や水などを供え、夕方には灯を点じるなど、朝・昼・夜、春夏秋冬に応じた配慮のもと、生ける釈迦に供養するように厳粛に奉仕し、これを生身供《しょうじんく》と呼びました。

生身供に奉仕した人々は年間で五百人を超え、僧侶だけではなく貴族など俗人も、また女性も加わっていました。女人禁制で有名な比叡山に、女性が上っている実態がうかがわれたいへんに興味深いものがあります。しかもそのローテーション一覧には、あの藤原道長の妻倫子《りんし》の名も「左大臣殿北政所《さだいじんどのきたのまんどころ》」と記されていますから、驚きです。

また毎月晦日には『法華経』を講じその道理を議論しました。堂内の四周には智恵第一と称された舎利弗《しゃりほつ》、神通第一とされた目連《もくれん》、説法の名手富楼那《ふるな》などの釈迦十大弟子が描かれていましたから、院内の僧はこれを霊山院釈迦講《りょうぜんいんしゃかこう》と称し、釈迦説法の地霊鷲山《りょうじゅせん》（霊山《りょうぜん》）でかつて釈迦が行ったようすに異ならない、と讃えたとされます。

阿弥陀信仰ばかりでなく、釈迦信仰も、そして上下貴賤と老若男女を問わないメンバー構成は、源信の宗教思想の幅広さと奥深さを示しています。

四季講の経営

横川の学問の中核を担うものとして、良源《りょうげん》が始めた四季講についても前に触れました。良源はこれを「勧学《かんがく》」のため、六月会《みなつきえ》・霜月会《しもつきえ》における広学竪義《こうがくりゅうぎ》の「練習」

のために始め、ここから多くの学問僧が輩出しました。それで四季講堂は横川の学僧にとっての「立身之本堂《りっしんのほんどう》」とされました。

良源の意図は弟子の尋禅《じんぜん》に継承されます。組織や法会《ほうえ》の維持と経営は、経済的裏付けによって保証されます。良源を継承した尋禅は、「もし自分の死後この財源を乱す者があれば、墓を掘り返し私の遺骸をその者の門に投げうって、きっと霊験をあらわし祟ってやろう」と強い意志を示しています。良源が右大臣藤原師輔《ふじわらのもろすけ》の帰依を得て横川を盛んにしたことは前にも述べました。尋禅はその師輔の子です。そのような俗縁につながる尋禅でさえもが、これほどの決意を要する大事だったのです。

このことは安定した経営の困難を反面から証していますが、図らずもその後の経営は源信に委ねられることになります。学究肌の源信はにわかに困難な現実に直面することになります。おそらくこれまでとは別の顔をもってことに当たったことでしょう。

横川は東塔や西塔に比べ、自主的で同朋《どうほう》教団的な性格こそがその特徴であり伝統ともなってきましたから、堂塔の修築と四季講の継続は横川の独自性を確保するための象徴的存在であり、自立の証でもありました。その要として源信が期待された、ということです。学問僧としてばかりでなく、横川の経営と管理も託された源信は、こうしたことにも真摯で非凡な才能を発揮していくのです。

衰えない学問への意欲

源信の学問への意欲は年齢を重ねても衰えることはありませんでした。大著というべきものも老齢に及んでから著されています。

その一つが寛弘二年（一〇〇五）、六十四歳のときに執筆された『大乗対倶舎抄《だいじょうたいくしゃしょう》』です。小乗仏教の書である『倶舎論《くしゃろん》』に対する、大乗仏教の立場からの解説というべきもので、源信の著作の中でもっとも大部のものです。『恵心僧都全集』全五巻のうち第四巻一冊があてられていて、『往生要集』の三倍ほどの分量ですから、その浩瀚《こうかん》ぶりがうかがえます。

源信の『倶舎論』の研究は因明《いんみょう》（仏教の論理学）の研究と併せ、その水準の高さに定評があったようで、一代の碩学大江匡房《おおえのまさふさ》（一〇四一—一一一一）は『続本朝往生伝《ぞくほんちょうおうじょうでん》』の源信伝で、その学問を「倶舎と因明は穢土《えど》において極めつくした」と評しています。適切な評価でしょう。

『大乗対倶舎抄』が著された翌年、『一乗要決《いちじょうようけつ》』全三巻が起筆されます。一切の衆《しゅ》生《じょう》（生きとし生けるもの）は生まれながらにして仏性《ぶっしょう》を有し、煩悩を離れればすべて成仏できると主張するものです。仏性とは、衆生が本来有しているところの仏となる可能性のことで、天台宗の基本的教義の立場を示しています。これに対して奈良の興福寺などの法相宗《ほっそうしゅう》は、そのような仏性はすべての衆生に備わっているわけではなく無仏性《むぶっしょう》の衆生もいる、また修行とそれによる悟りの結果が決まっていて、いくら修行しても成仏不可能な者もいると主張し、長い論争の歴史がありました。『一乗要決』はこれを踏まえて著述されたものです。

寛弘八年（一〇一一）、七十歳かそれを少し越えたころ「白骨観《はっこつかん》」を書いています。少々ストレートな題名ですが、『往生要集』大文第一《だいもんだいいち》「厭離穢土《おんりえど》」の人道《にんどう》を述べた部分で、骨や筋や血管など人体の組成を詳しく説明して、そのもろく不浄なることを力説していることを想起すれば納得いくでしょう。言葉編でも一部分を取り上げていますが、源信の意図するところをより深く理解するため、「白骨観」の一節を少しひろげて紹介します。

つらつら一期《いちご》の栄華を思案するに、ただ白骨を帯して歳月を送る。白骨の上に衣装を荘《かざ》り着て、白骨の身をもってただ世を渡る。この白骨は久しく世にあらず。憑《たの》みても憑みがたきは薄皮《うすかわ》の白骨なり。願わくば仏神、この白骨を哀れみ、臨終正念《りんじゅうしょうねん》にして往生を遂《と》げしめたまえ。

『楞厳院二十五三昧結衆過去帳』の記録

長和二年（一〇一三）、七十二歳のとき『楞厳院二十五三昧結衆過去帳《りょうごんいんにじゅうござんまいけっしゅうかこちょう》』（『過去帳』）を記し始めます。この仏会《ぶつえ》に集った二十五人の結衆《けっしゅう》にも死は訪れます。寛和二年（九八六）の草創よりこのときまで二十八年、すでに四十二人の同志が他界しています（結衆は欠員があれば補充された）。この年より寛仁元年（一〇一七）に源信が没するまでの四年間、さらに三人を加えて総計四十五人の『過去帳』を書きあげ、そのうちの十四人についてはその行いも書き添えています。『往生要集』を公にし、かれらを導いた者の責任として、行く末はあの世まで見届けなければ、との思いをいだいた作業だったに違いありません。

結衆《けっしゅう》の没年月日、生年、十四人の行いの記録は、おそらく華台院《けたいいん》に納置されていたと思われます。華台院は往生院の後身で長保三年（一〇〇一）に源信が建立し、メンバーの一人妙空《みょうくう》が本尊の丈六《じょうろく》の阿弥陀仏像を造り安置しました。迎講が行われた場所であり、結衆の療病施設としてばかりでなく、日常的な念仏の場としても利用されていたようです。その前身往生院には「八箇条起請」が納置されていたようですから、会衆が亡くなるたびにその日時と生年が記され、往生の可能性を暗示する夢告などの奇瑞《きずい》があればそれを書きとめ、本尊阿弥陀像の仏前に奉納していたのでしょう。

『過去帳』に記された夢告の数は三十前後。そのいくつもに真偽を確認する跡がみられます。いわく「この夢不明」（祥連《しょうれん》）、「虚実知りがたし」（妙空《みょうくう》）、「夢告もっともこれを信受すべし」（良陳《りょうちん》）、などなど（括弧内は結衆名）。所詮は「虚妄《きょもう》多き夢」（『過去帳』序）であり、虚実の判断に迷うのが一般でしょう。しかしそれだけに夢に託す気持ちも切実だったのでしょう。阿弥陀如来を安置する堂に納置し、往生の確約にあずかろうとした、と考えられます。

六　源信、浄土へ

源信は恵心僧都《えしんそうず》の敬称をもって呼ばれました。かれが住んだ僧房恵心院《えしんいん》と、僧侶の官職の一つ権少僧都《ごんのしょうそうず》に任じられたことによるものです。もっとも後者はたった一年で辞していますから、やはり源信は横川《よかわ》の一沙門《しゃもん》として、その生涯を全うしたというべきでしょう。時に寛仁元年（一〇一七）六月十日、享年七十六。

源信の伝記によれば、七十歳を過ぎたころから体調思わしくなく、起居にも耐えがたくなったとありますが、長和二年（一〇一三）の正月元日、かれはそれまでに修した行いを一紙にまとめ、神仏につつしんで申告しています。念仏の遍数、読誦《どくじゅ》した経典数、念誦《ねんじゅ》した真言《しんごん》の遍数など、おびただしい善根の数々です。おそらく自他平等の菩提のため捧げたものと推察されます。

そんな時期に「白骨観」や『過去帳』を書いていることはすでに触れましたが、じつはこの他にも、七十二歳のときに『倶舎論頌疏正文《くしゃろんじゅそしょうもん》』を、七十三歳にして『阿弥《あみ》陀《だ》経《きょう》略《りゃっ》記《き》』を述作し、弟子たちとの教義上の問答もこなしています。驚くべき気力と体力です。『阿弥陀経略記』の序に「阿弥陀経は生死《しょうじ》の海《うみ》を渡る舟《ふね》の楫《かじ》である」と記していますが、阿弥陀経ならぬかれこそが、生死の海（迷いの世界）から彼岸（極楽浄土）に渡る船の舵《かじ》になろうとしたのではないでしょうか。

最期は、その瞬間をかたわらにいた給仕の者さえも気づかず、休んでいるものとばかり思っていたら、すでに息絶えていたといいます。頭を北に顔は西に、右脇を下にして、笑っているような面持ちで、両手を胸前に合わせていたが、すこしだけずれていたそうです。後日、弟子の夢に往生の告げがあったことはいうまでもありません。

人々を永遠の理想世界に導こうとして崇高な生き方をつらぬき、最期はしずかに独り逝く。往生の成否は知らないが、かくありたしと願わしく思う源信師の生涯は、これをもって閉じられました。

七　源信の人柄と生き方

「棺《かん》を蓋《おお》いて事《こと》定まる」といいます。ここで源信の生涯を顧み、あらためてその人柄や生き方について整理しておきましょう。

謙虚な態度

極楽浄土は大別して上品《じょうぼん》・中品《ちゅうぼん》・下品《げぼん》の三ランクがあるとされますが、源信はみずからの往生に関して、そのもっとも下位とされる下品《げぼん》への往生を望んだと伝えられています。その理由は上品や中品は分不相応で高望みだからということです。『往生要集』を著し、厭離穢土《おんりえど》・欣求浄土《ごんぐじょうど》の理論をはじめて体系的に論述した人にしては、まことに謙虚で遠慮深い態度との印象が強く残ります。

かれの親友である慶滋保胤《よししげのやすたね》も「十方仏土《じっぽうぶつど》の中には　西方《さいほう》をもって望みとす　九品蓮台《くほんれんだい》の間には　下品《げぼん》といえども足《た》るべし」と謳っています。この句は名句とされ、同時代の藤原道長や清少納言にも愛唱されましたが、これらは源信の影響によるものと思われます。源信の信心の態度が、人々の心の奥深く浸透していたことが知られます。

衆生へのまなざし

源信は『往生要集』冒頭で、自分自身を「頑魯《がんろ》の者《もの》」と言っていました。これを単なる謙遜とか控えめな態度とするだけでは不十分です。その根底には、穢土《えど》においては自分を含めて多くの人は根本的に凡夫たらざるをえない、凡夫であるがゆえに絶対の阿弥陀如来にすがらざるをえないのだ、との認識があったと考えられ、そうした認識に立脚しての発言と理解すべきです。このように自分を如来《にょらい》や菩薩《ぼさつ》の高みに近づけるのではなく、凡夫の一人として位置づけたとき見えてくるものは、おのれと同じ救済の対象としての衆生《しゅじょう》、つまり人々の姿でした。

源信は自説を声高に叫んだわけではありませんが、その周辺には多くの僧俗男女が集まってきました。『往生要集』に導かれた老少二十五人の僧侶が念仏往生を目指した「二十五三昧会《にじゅうござんまいえ》」はその代表例です。源信は指導者として、物故者の一人ひとりを過去帳に記し、信心の著しい者についてはその行いも書き残しています。人々への優しいまなざしと行き届いた配慮が感じられる行為です。

霊山院釈迦講《りょうぜんいんしゃかこう》には年間に延べ五百人を超える僧俗男女が集い、それぞれが釈迦への奉仕を分担したことについては繰り返しませんが、これもまた源信のまなざしが人々とおのれを育んだ比叡山横川に注がれていたことを如実に物語っているでしょう。

進取の精神

しかしかれの視線が決して内向きにのみ注がれていたわけでなかったことは、多くの自著を仏教研究の中心である中国に送り、その批判を請い、また対論を試みた事実に見てきました。

六道《ろくどう》に輪廻《りんね》する迷える衆生とその救済という問題は、人類共通の普遍的な課題です。仏教はそのような問題を解決すべくインドに誕生し、長い時をかけてアジア諸国に普及していきました。そのような仏教が担わなければならない課題を、十世紀日本の延暦寺僧源信も積極的に受け止め、それを狭い僧院の内部に限定することなく、国際的な視野から解決しようと試みたのでした。

源信の生涯を回顧して、その人柄や信仰態度あるいは生き方の基本を、以上のように理解しておきたいと思います。

参考・引用文献

比叡山専修院・叡山学院編『恵心僧都全集』思文閣出版、一九七一年
石田瑞麿『源信』(日本思想大系)岩波書店、一九七〇年
川崎庸之『源信』(日本の名著)中央公論社、一九七二年
石田瑞麿『浄土教の展開』春秋社、一九六七年
大隅和雄・速水侑編『源信』(日本名僧論集)吉川弘文館、一九八三年
速水侑『日本仏教史　古代』吉川弘文館、一九八六年
速水侑『源信』(人物叢書)吉川弘文館、一九八八年
小原仁『源信』(日本評伝選)ミネルヴァ書房、二〇〇六年

小原　仁（おばら・ひとし）

1944年、北海道生まれ。1972年、北海道大学大学院文学研究科博士課程単位取得退学。同大学助手、旭川工業高等専門学校助教授、名古屋芸術大学助教授、聖心女子大学教授を経て、現在聖心女子大学名誉教授。

主な著書に、『文人貴族の系譜』『中世貴族社会と仏教』『慶滋保胤』（吉川弘文館）、『源信』（ミネルヴァ書房）、編著書に『玉葉を読む――九条兼実とその時代』（勉誠出版）などがある。

日本人のこころの言葉

源　信

2016年5月10日　第1版第1刷発行

著　者　小　原　　仁

発行者　矢　部　敬　一

発行所　株式会社　創　元　社

〒541-0047　大阪市中央区淡路町4-3-6

TEL　06-6231-9010（代）

FAX　06-6233-3111

URL　http://www.sogensha.co.jp

東京支店　〒162-0825　東京都新宿区神楽坂4-3　煉瓦塔ビル

TEL　03-3269-1051

印刷所　藤原印刷株式会社

ISBN978-4-422-80070-7　C0381